Kohlhammer

Klinische Psychologie und Psychotherapie bei Kindern, Jugendlichen und jungen Erwachsenen

Verhaltenstherapeutische Interventionsansätze

Herausgegeben von Tina In-Albon, Hanna Christiansen und Christina Schwenck

Eine Übersicht aller lieferbaren und im Buchhandel angekündigten Bände der Reihe finden Sie unter:

  https://shop.kohlhammer.de/klinische-psychologie-und-psychotherapie

Die Autorinnen

Mar Rus-Calafell ist Psychotherapeutin und Professorin für Klinische Psychologie und Digitale Psychotherapie an der Ruhr-Universität-Bochum.

Phuong-Mi Nguyen ist Psychotherapeutin und Doktorandin am Lehrstuhl für Klinische Psychologie und Digitale Psychotherapie an der Ruhr-Universität Bochum.

Grace Kiernan ist Psychotherapeutin in Ausbildung und Doktorandin am Lehrstuhl für Klinische Psychologie und Digitale Psychotherapie an der Ruhr-Universität Bochum.

Mar Rus-Calafell
Phuong-Mi Nguyen
Grace Kiernan

Psychosen bei Kindern, Jugendlichen und jungen Erwachsenen

Diagnostik, Prävention und Therapie

Verlag W. Kohlhammer

Dieses Werk einschließlich aller seiner Teile ist urheberrechtlich geschützt. Jede Verwendung außerhalb der engen Grenzen des Urheberrechts ist ohne Zustimmung des Verlags unzulässig und strafbar. Das gilt insbesondere für Vervielfältigungen, Übersetzungen, Mikroverfilmungen und für die Einspeicherung und Verarbeitung in elektronischen Systemen.

Pharmakologische Daten, d. h. u. a. Angaben von Medikamenten, ihren Dosierungen und Applikationen, verändern sich fortlaufend durch klinische Erfahrung, pharmakologische Forschung und Änderung von Produktionsverfahren. Verlag und Autoren haben große Sorgfalt darauf gelegt, dass alle in diesem Buch gemachten Angaben dem derzeitigen Wissensstand entsprechen. Da jedoch die Medizin als Wissenschaft ständig im Fluss ist, da menschliche Irrtümer und Druckfehler nie völlig auszuschließen sind, können Verlag und Autoren hierfür jedoch keine Gewähr und Haftung übernehmen. Jeder Benutzer ist daher dringend angehalten, die gemachten Angaben, insbesondere in Hinsicht auf Arzneimittelnamen, enthaltene Wirkstoffe, spezifische Anwendungsbereiche und Dosierungen anhand des Medikamentenbeipackzettels und der entsprechenden Fachinformationen zu überprüfen und in eigener Verantwortung im Bereich der Patientenversorgung zu handeln. Aufgrund der Auswahl häufig angewendeter Arzneimittel besteht kein Anspruch auf Vollständigkeit.

Die Wiedergabe von Warenbezeichnungen, Handelsnamen und sonstigen Kennzeichen in diesem Buch berechtigt nicht zu der Annahme, dass diese von jedermann frei benutzt werden dürfen. Vielmehr kann es sich auch dann um eingetragene Warenzeichen oder sonstige geschützte Kennzeichen handeln, wenn sie nicht eigens als solche gekennzeichnet sind.

Es konnten nicht alle Rechtsinhaber von Abbildungen ermittelt werden. Sollte dem Verlag gegenüber der Nachweis der Rechtsinhaberschaft geführt werden, wird das branchenübliche Honorar nachträglich gezahlt.

Dieses Werk enthält Hinweise/Links zu externen Websites Dritter, auf deren Inhalt der Verlag keinen Einfluss hat und die der Haftung der jeweiligen Seitenanbieter oder -betreiber unterliegen. Zum Zeitpunkt der Verlinkung wurden die externen Websites auf mögliche Rechtsverstöße überprüft und dabei keine Rechtsverletzung festgestellt. Ohne konkrete Hinweise auf eine solche Rechtsverletzung ist eine permanente inhaltliche Kontrolle der verlinkten Seiten nicht zumutbar. Sollten jedoch Rechtsverletzungen bekannt werden, werden die betroffenen externen Links soweit möglich unverzüglich entfernt.

1. Auflage 2025

Alle Rechte vorbehalten
© W. Kohlhammer GmbH, Stuttgart
Gesamtherstellung: W. Kohlhammer GmbH, Heßbrühlstr. 69, 70565 Stuttgart
produktsicherheit@kohlhammer.de

Print:
ISBN 978-3-17-041853-0

E-Book-Formate:
pdf: ISBN 978-3-17-041854-7
epub: ISBN 978-3-17-041855-4

Geleitwort zur Buchreihe

Klinische Psychologie und Psychotherapie bei Kindern, Jugendlichen und jungen Erwachsenen: Verhaltenstherapeutische Interventionsansätze

Psychische Störungen im Kindes- und Jugendalter sind weit verbreitet und ein Schrittmacher für die Entwicklung weiterer psychischer Störungen im Erwachsenenalter. Für einige der für das Kindes- und Jugendalter typischen Störungsbereiche liegen empirisch gut abgesicherte Behandlungsmöglichkeiten vor. Eine Besonderheit in der Diagnostik und Therapie von Kindern mit psychischen Störungen stellt das Setting der Therapie dar. Dies bezieht sich sowohl auf den Einbezug der Eltern als auch auf mögliche Kontaktaufnahmen mit dem Kindergarten, der Schule, der Jugendhilfe usw. Des Weiteren stellt die Entwicklungspsychopathologie für die jeweiligen Bände ein zentrales Kernthema dar.

Ziel dieser neuen Buchreihe ist es, Themen der Klinischen Kinder- und Jugendpsychologie und Psychotherapie in ihrer Gesamtheit darzustellen. Dies umfasst die Beschreibung von Erscheinungsbildern, epidemiologischen Ergebnissen, rechtliche Aspekte, ätiologischen Faktoren bzw. Störungsmodelle, sowie das konkrete Vorgehen in der Diagnostik unter Berücksichtigung verschiedener Informanten und das konkrete Vorgehen in der Psychotherapie unter Berücksichtigung des aktuellen Wissenstandes zur Wirksamkeit.

Die Buchreihe besteht aus Bänden zu spezifischen psychischen Störungsbildern und zu störungsübergreifenden Themen. Die einzelnen Bände verfolgen einen vergleichbaren Aufbau wobei praxisorientierte Themen wie bspw. Fallbeispiele, konkrete Gesprächsinhalte oder die Antragsstellung durchgehend aufgenommen werden.

Christina Schwenck (Gießen)
Hanna Christiansen (Marburg)
Tina In-Albon (Mannheim)

Die Herausgeberinnen

Prof. Dr. Tina In-Albon, Professur für Klinische Psychologie und Psychotherapie des Kindes- und Jugendalters sowie Leitung des Instituts für Kinder- und Jugendpsychotherapie und der Psychotherapeutischen Hochschulambulanz für Kinder und Jugendliche an der Universität Mannheim.

Prof. Dr. Hanna Christiansen, Professur für Klinische Psychologie des Kindes- und Jugendalters an der Philipps-Universität Marburg; Leiterin der Kinder- und Jugendlichen-Psychotherapie-Ambulanz Marburg (KJ-PAM) sowie des Kinder- und Jugendlichen-Instituts für Psychotherapie-Ausbildung Marburg (KJ-IPAM).

Prof. Dr. Christina Schwenck, Professur für Förderpädagogische und Klinische Kinder- und Jugendpsychologie, Justus-Liebig-Universität Gießen. Leiterin der postgradualen Ausbildung Kinder- und Jugendlichenpsychotherapie mit Schwerpunkt Verhaltenstherapie.

Inhalt

Geleitwort zur Buchreihe		5
1	**Erscheinungsbild, Entwicklungspsychopathologie und Klassifikation**	**11**
1.1	Was sind Psychosen?	12
1.2	Kurze historische und konzeptuelle Einführung	12
	1.2.1 Neurobiologischer Ansatz	13
	1.2.2 Kognitiver Ansatz	14
	1.2.3 Phänomenologischer Ansatz	15
1.3	Transdiagnostische Sichtweise auf Psychose	16
1.4	Zum vorliegenden Buch	17
1.5	Erscheinungsbild psychotischer Störungen	17
	1.5.1 Kontinuumsmodell der Psychose	19
	1.5.2 Prädiktoren und Vulnerabilitätsfaktoren für die Entwicklung einer Psychose	20
1.6	Klassifikation	21
	1.6.1 Diagnostische Kriterien psychotischer Störungen	21
	1.6.2 Das Clinical Staging Model	23
1.7	Überprüfung der Lernziele	25
2	**Epidemiologie, Verlauf und Folgen**	**26**
2.1	Epidemiologie	27
2.2	Verlauf	28
2.3	Clinical High Risk der Psychose	28
	2.3.1 Klinische Relevanz von CHR	30
	2.3.2 Risiko für den Übergang in eine psychotische Störung	30
2.4	Folgen psychotischer Symptomatik im Kindes- und Jugendalter	31
2.5	Überprüfung der Lernziele	32
3	**Komorbiditäten und Differenzialdiagnostik**	**33**
3.1	Komorbiditäten	34
	3.1.1 Affektive Störungen	34
	3.1.2 Komorbide Störungen in der neurobiologischen Entwicklung	35

		3.1.3 Traumafolgestörungen	36
		3.1.4 Substanzmissbrauch und -abhängigkeit	37
		3.1.5 Borderline-Persönlichkeitsstörung	38
		3.1.6 Suizidalität	38
		3.1.7 Subklinische psychotische Symptome	39
	3.2	Differenzialdiagnostik bei frühen Psychosen	39
		3.2.1 Affektive Psychosen (bipolare vs. schizoaffektive vs. depressive Störung)	40
	3.3	Überprüfung der Lernziele	41
4	**Diagnostik**		**42**
	4.1	Erstgespräch und Anamnese	43
		4.1.1 Besonderheiten des Erstgesprächs	43
		4.1.2 Verhaltensanalyse	44
		4.1.3 Weitere wichtige Unterlagen und Informationen	45
	4.2	Messinstrumente	46
		4.2.1 Störungsübergreifende diagnostische Interviews	46
		4.2.2 Störungsspezifische Diagnostik	46
		4.2.3 Weitere relevante Faktoren	48
	4.3	Überprüfung der Lernziele	48
5	**Erklärungsmodelle früher Psychosen**		**49**
	5.1	Neurochemisches Modell	49
	5.2	Vulnerabilitäts-Stress-Modell	52
	5.3	Kognitives Modell der Psychose	53
		5.3.1 Kognitives Modell der Paranoia	56
		5.3.2 Kognitives Modell der auditiven Halluzinationen	59
	5.4	Einfluss auf die Entwicklung der kognitiven Verhaltenstherapie bei Psychosen	61
	5.5	Überprüfen der Lernziele	62
6	**Psychotherapie**		**63**
	6.1	Relevante Informationen für den Antrag auf Psychotherapie	64
		6.1.1 Persönliche und medizinische Vorgeschichte	64
		6.1.2 Familiengeschichte	65
		6.1.3 Psychologischer Befund und Diagnostik	65
		6.1.4 Diagnosen	66
		6.1.5 Therapieplan und Prognose	66
	6.2	Kognitive Verhaltenstherapie für Psychosen (KVT-P)	67
	6.3	Umsetzung der Behandlungsphasen	67
	6.4	Therapeutische Beziehung	76
	6.5	Psychopharmakotherapie	77
	6.6	Schwierige Situationen in der Therapie	78
	6.7	Therapiemanuale für frühe Psychosen	79
	6.8	Überprüfung der Lernziele	80

7	**Psychotherapieforschung**	**81**
	7.1 Therapie von frühen Psychosen	82
	7.2 Evidenzbasierte Psychotherapien für frühe Psychosen	84
	7.2.1 Psychoedukation und Normalisieren	84
	7.2.2 Klinische Überwachung	86
	7.2.3 Kognitive Verhaltenstherapie bei Psychose (KVT-P)	86
	7.2.4 Cognitive Remediation	87
	7.2.5 Familieninterventionen (FI)	87
	7.2.6 Peer-Beratung	88
	7.2.7 Unterstützung für Bildung und Beschäftigung (*Educational and Employment Support*, SEE)	89
	7.3 Rückfallprophylaxe	90
	7.4 Medikation bei früher Psychose	91
	7.5 Überprüfung der Lernziele	92
8	**Zusammenfassung und Zukunftsperspektive**	**93**
	8.1 Zusammenfassung	93
	8.2 Zukunftsperspektive	94
	8.2.1 Verbesserung des Zugangs zur Psychotherapie	94
	8.2.2 Fortschritte in Kognitiver Verhaltenstherapie für Psychosen (KVT-P)	95
	8.2.3 eHealth und Frühe Psychosen	96
	8.2.4 Partizipative Forschung	99
Literaturverzeichnis		**100**
Stichwortverzeichnis		**125**

1 Erscheinungsbild, Entwicklungspsychopathologie und Klassifikation

Fallbeispiel

Noah ist ein 15-jähriger Jugendlicher, der von der Polizei in die Notaufnahme gebracht wurde, nachdem er um 2:30 Uhr morgens auf der Straße gefunden wurde. Noah sagte der Polizei, dass er auf der Suche nach den Illuminaten sei. Er höre, wie sie ihm zuflüstern, dass sie kommen und ihn holen werden. Noahs Eltern berichten, dass er zwei Wochen zuvor aufgehört habe, zur Schule zu gehen und die meiste Zeit in seinem Zimmer verbringe. Sie hören ihn schreien und mit sich selbst reden. Sie beschreiben seltsame Verhaltensänderungen an ihrem Sohn, wie z. B. das Auseinandernehmen seines Laptops, um die Kamera zu entfernen. Er war schon immer schüchtern, hatte in der Grund- und Mittelschule nur wenige Freund*innen und wurde in der dritten Klasse mit einer Leseschwäche diagnostiziert. In den Monaten vor der Untersuchung hat er sich zunehmend zurückgezogen und isoliert. Seine Eltern befürchten, dass er depressiv ist oder Drogen nimmt. Sie versuchten, ihn zum Hausarzt zu bringen, aber er weigerte sich, dorthin zu gehen. Sie riefen das örtliche Krisentelefon an, aber man sagte ihnen, man könne nichts tun, es sei denn, er stelle eine Gefahr für sich oder andere dar.

Lernziele

- Sie können die Begrifflichkeiten Wahn, Halluzinationen, Denkstörung, desorganisiertes Verhalten und Negativsymptomatik erklären und voneinander abgrenzen.
- Sie können diagnostische Kriterien für psychotische Störungen nach ICD-11 und DSM-5 benennen.
- Sie können im Fallbeispiel Noah genannte Vulnerabilitätsfaktoren und die wichtigsten Symptome benennen.
- Sie kennen das Kontinuumsmodell der Psychose und die klinischen Implikationen, die sich daraus ergeben.

1 Erscheinungsbild, Entwicklungspsychopathologie und Klassifikation

1.1 Was sind Psychosen?

Psychotische Erfahrungen sind Teil der menschlichen Vielfalt. Das Hören von Stimmen oder die Überzeugung, dass wir von jemandem verfolgt werden (Paranoia), entstehen als Reaktion auf einen bestimmten biografischen Kontext durch eine bestimmte Person. Solche Erfahrungen sind keine pathognomonischen Krankheitssymptome. Sie können vielmehr als eine von verschiedenen Reaktionsweisen auf Probleme oder Erfahrungen einer Person verstanden werden. Ferner kann man sie also eher als Teil der Komplexität des menschlichen Wesens auffassen. Daher ist es wichtig, die Person individuell zu betrachten, die solche Erfahrungen subjektiv durchlebt, um die wahre Bedeutung solcher Erfahrungen zu verstehen.

»Psychose« ist ein allgemeiner Begriff, der sich auf Verzerrungen und Beeinträchtigungen der Wahrnehmung, des Denkens, des Fühlens und des Verhaltens bezieht, die zu einem Verlust des Kontakts mit der konsensuellen Realität führen. Sie ist hauptsächlich durch Wahnvorstellungen, Halluzinationen und Denkstörungen gekennzeichnet und wird oft von desorganisiertem motorischem Verhalten und negativen Symptomen begleitet (American Psychiatry Association, 2013). Der Begriff kann zu Verwirrungen führen, da er sowohl für diagnostische Kategorien als auch für einzelne Symptome (Erfahrungen) mit unterschiedlichem Schweregrad, Dauer und klinischer Bedeutung verwendet wird. Auf der kategorialen Ebene umfassen die Schizophrenie-Spektrum-Störungen die Schizophrenie, die schizophreniforme Störung, die schizoaffektive Störung, die wahnhafte Störung, die kurze psychotische Störung und die substanz- oder medikamenteninduzierte Störung. Auf der Symptomebene sind psychotische Symptome und psychoseähnliche Erfahrungen (auch ungewöhnliche Erfahrungen genannt, aus dem engl. *psychotic-like experiences*) ebenso in der Allgemeinbevölkerung anzutreffen und Menschen mit diesen Erfahrungen können eine Behandlung benötigen oder auch nicht.

1.2 Kurze historische und konzeptuelle Einführung

Erst zu Beginn des 20. Jahrhunderts begann man, die klinische Beschreibung der Psychose zu präzisieren: Emil Kraepelin (1913), dem das Konzept der dementia praecox zugeschrieben wird, und Eugen Bleuler (1911), der die dementia praecox in die Schizophrenie umdefinierte, sind die beiden bemerkenswertesten Vertreter der ursprünglichen Beschreibung der Schizophrenie. Beide beschrieben die gesamte Bandbreite der Symptome, die bei dieser Störung auftreten. Sie zeigten diese anhand konkreter Symptome auf und konstruierten einen Rahmen für ihre Klassifizierung, der das spätere Denken über diese Störung deutlich geprägt hat. Die wichtigste Ergänzung zu ihrem Beitrag war die »Isolierung« der elf Erstrangsymptome von Kurt Schneider (1959), die als pathognomonisch für die Schizophrenie galten. Die heutigen Klassifikationssysteme für Schizophrenie und verwandte Störungen haben ihre Wurzeln in dieser frühen Arbeit, wurden aber im Laufe der Zeit mit dem Bestreben weiterentwickelt, die Reliabilität, Validität und klinische Anwendbarkeit zu verbessern.

In den letzten 30–40 Jahren haben verschiedene psychologische Disziplinen, darunter klinische, experimentelle und Neuropsycholog*innen, wichtige Beiträge geleistet, indem sie sowohl im klinischen als auch im wissenschaftlichen Bereich gemeinsam mit Menschen mit psychotischen Störungen und Symptomen arbeiten, um deren Erfahrungen besser zu verstehen. Eine beträchtliche Anzahl von Studien hat biologische, soziale und psychologische Kausalmechanismen für psychotische Symptome nachgewiesen. Daher sollte man mindestens drei verschiedene Perspektiven einnehmen, wenn man die Psychose besser verstehen möchte: die neurobiologische, kognitive und phänomenologische Perspektive (▶ Kap.5).

1.2.1 Neurobiologischer Ansatz

Der neurobiologische Ansatz stützt sich auf konvergierende Erkenntnisse aus der Tier- und Humanforschung. Frühe genetische Studien gingen von einem einzigen Gen für Schizophrenie aus, während spätere Ansätze ein polygenes Modell favorisierten (Gottesman & Shields, 1967; Kendler, 2015). Immer mehr Belege deuten nämlich darauf hin, dass das Schizophrenierisiko eher kontinuierlich und polygen ist, d. h., dass eine große Anzahl häufiger Einzelnukleotid-Polymorphismen (SNPs, die häufigste Art genetischer Variationen im menschlichen Genom) jeweils eine sehr geringe Auswirkung haben, wobei seltene Kopienzahl- und Einzelnukleotidvarianten einen noch geringeren Beitrag leisten (Purcell et al., 2014). Studien zur Struktur und Funktion des Gehirns könnten wichtigere Erkenntnisse über mögliche biologische Mechanismen der Psychose liefern. Die einfachste Version des *entwicklungsneurologischen* Modells der Schizophrenie geht davon aus, dass Gene (Jones & Murray, 1991), die an der Neuroentwicklung beteiligt sind, und/oder Umweltereignisse im frühen Leben (z. B. fötale Hirnentwicklungsanomalien) zu einer abnormen Gehirnentwicklung führen, die eine Prädisposition für das spätere Auftreten einer Psychose darstellt (Church et al., 2002; Murray & Lewis, 1987). Spätere Formulierungen dieses Modells beziehen die Rolle sozialer Faktoren ein, die erst später auf dem Weg zur Störung zum Tragen kommen. Darunter fallen städtisches Aufwachsen, soziale Isolation und Migration, und sie legen eine Interaktion zwischen dem Biologischen und dem Sozialen in einer »Kaskade von zunehmend abweichender Entwicklung« nahe (Bramon & Murray, 2001). Obwohl die Neuroentwicklungshypothese neurokognitive Defizite und einige der neuroanatomischen Anomalien erklären kann, die bei Menschen mit einer manifestierten Psychose zu finden sind, kann sie nicht erklären, wie aus einem entwicklungsauffälligen und sozial isolierten Jugendlichen mit psychoseähnlichen Erfahrungen eine Person mit einer Schizophrenie wird. Die Dopaminhypothese der Schizophrenie geht davon aus, dass die psychotischen Symptome der Störung aus einer Hyperaktivität des mesolimbischen dopaminergen Systems resultieren, das Dopamin unabhängig von Hinweis und Kontext feuert und freisetzt, wodurch Erfahrungen von abweichender Neuheit und Salienz entstehen (Kapur et al., 2005), wie z. B. auditive Halluzinationen (diese Hypothese und andere relevante neurochemische Ansätze werden später näher erläutert, ▶ Kap. 5).

Ein umfassender Überblick über die Literatur würde jedoch den Rahmen dieses Buches sprengen, und klinische Implikationen könnten zu kurz kommen. Nichtsdestotrotz wird in den neurobiologischen Modellen der Psychose (insbesondere der Schizophrenie) die Wechselwirkung zwischen genetischer Anfälligkeit und der Exposition gegenüber Umweltstressoren anerkannt. Aktuelle Modelle gehen davon aus, dass traumatische Erlebnisse und soziale Widrigkeiten (hauptsächlich) in der Kindheit die Entwicklung des Gehirns beeinträchtigen, was zu verschiedenen kognitiven Verzerrungen und Affektstörungen führt, die in Wechselwirkung mit späteren sozialen Stressfaktoren die Störung auslösen (Howes & Murray, 2014).

1.2.2 Kognitiver Ansatz

Der kognitive Ansatz übernimmt den etablierten Ansatz, dass eine Person, die eine Psychose entwickelt, eine prämorbide biopsychosoziale Anfälligkeit besitzt, und ergänzt diesen, indem betont wird, dass vorbestehende Grundüberzeugungen und laufende Bewertungen, sowie Interpretationen von Erfahrungen für die Entwicklung und das Persistieren belastender Positivsymptome entscheidend sind. In einem der ersten Versuche, biologische mit kognitiven und sozialen Faktoren zu verknüpfen, schlugen Broome et al. (2005) vor, dass der Übergang zur Psychose im Allgemeinen als Folge von Funktionsstörungen in präfrontalen und subkortikalen Hirnregionen verstanden wird, die durch stressinduzierte Folgen beeinflusst werden (Broome et al., 2005). Drogenkonsum und chronische soziale Widrigkeiten können die Dopamin-Dysregulierung verstärken. Diese begünstigen zusammen mit dysfunktionalen/verzerrten kognitiven Bewertungsprozessen, die durch negative Erfahrungen entstanden sind (siehe unten und ▶ Kap. 5), bei einer Person mit vorhandenen Anfälligkeitsfaktoren die Entwicklung einer klinisch relevanten Psychose. Nachfolgende, weiter entwickelte kognitive Ansätze zur Psychose betonen mehr die Rolle kognitiver, sozialer und emotionaler Prozesse beim Beginn und Persistieren psychotischer Symptome. Laut diesen Modellen spielen die Interpretation und Bedeutung, die Ereignissen und Erfahrungen gegeben werden, d. h. die Bewertung, eine entscheidende Rolle beim Übergang von ungewöhnlichen Gedanken und Erfahrungen zu psychotischen Symptomen (Freeman, 2016; Tsang et al., 2021). So ist es unwahrscheinlich, dass Personen mit psychotischen Erfahrungen, die sie als positiv und hilfreich bewerten, eine Behandlung in Anspruch nehmen werden. Nach dieser Auffassung befindet sich die Psychose auf einem Kontinuum zusammen mit »normalen« Erfahrungen in der Allgemeinbevölkerung (▶ Kap. 1.5.1, ▶ Kap. 2).

Ergänzend zum kognitiven Modell sollten alle Belege berücksichtigt werden, die für einen entwicklungssoziologischen Ansatz der Psychose sprechen. Die sozioökologische Sichtweise konzentriert sich auf frühe Lebensereignisse, das soziale Umfeld und die anschließende Entwicklung der psychologischen Welt und des psychischen Wohlbefindens einer Person. Etwa 8 % der Allgemeinbevölkerung erleben in bestimmten Lebensabschnitten auditive Halluzinationen und andere psychotische Erlebnisse, ohne dass sie eine psychotherapeutische oder psychiatrische Versorgung benötigen (Linscott & Van Os, 2013). Dies ist dann der Fall, wenn eine Person diese Erlebnisse auf bestimmte Weise interpretiert. Ungünstige Lebensereignisse, insbesondere Traumata in der Kindheit, lösen häufig die Bildung dysfunktionaler Bewältigungsmechanismen und verzerrter kognitiver Bewertungen über sich selbst und andere aus (Reininghaus et al., 2016b). Ein offensichtliches Beispiel hierfür ist, sich selbst die Schuld für erlittene Gewalterfahrungen zu geben, sich selbst als schlecht oder andere als feindlich zu betrachten. Bei starker Erregung können emotionale Zustände gleichzeitig eine dissoziative Barriere gegen das Trauma aufbauen und die Funktion wichtiger, an der Psychose beteiligter Neurotransmitter wie Glutamat und Dopamin verändern (Howes & Nour, 2016) und die kortikale Struktur des Gehirns durch neurotoxische Effekte schädigen (Habets et al., 2011).

> **Eine entwicklungssoziologische Perspektive der Psychose**
>
> Soziale Widrigkeiten sind nicht auf Gewalterfahrungen in der Kindheit beschränkt. Kulturelle, politische und demografische Faktoren (Bourque, van der Ven, Fusar-Poli, & Malla, 2012), einschließlich Migrationshintergrund und/oder Zugehörigkeit zu einer ethnischen Minderheit, sowie Diskriminierung und Armut können vulnerable Personen zu ungesunden Verhaltensweisen wie etwa Cannabiskonsum, missbräuchlichen Beziehungen und schlechter psychischer Gesundheit im Allgemeinen prädisponieren. Diese Verhaltensweisen wiederum können den kognitiven Bewertungsstil des Einzelnen dahingehend verzerren, dass er die Außenwelt und andere Menschen als feindlich wahrnimmt. Folglich betont die entwicklungssoziologische Perspektive der Psychose die Notwendigkeit für Kliniker*innen, sich nicht nur auf intraindividuelle Faktoren zu konzentrieren, die für psychotische Symptome relevant sind, sondern die Person ganzheitlich in ihrem Entwicklungs- und sozialen Kontext besser zu verstehen (Howes & Murray, 2014).

1.2.3 Phänomenologischer Ansatz

Das Modell der basic-self disorder der Schizophrenie (oder der Ipseität Störung, lateinisch ipse – self oder Selbst) postuliert eine Abnormalität der grundlegenden oder minimalen Selbstwahrnehmung, des normalen Ich als Subjekt. Die Ipseität, die im gelebten Körper und im inneren Zeitbewusstsein verankert ist, wird nicht als Entität im eigenen Bewusstseinsfeld erlebt, sondern als unsichtbarer Ausgangspunkt für Erfahrung, Denken und Handeln, als Medium des Bewusstseins, Quelle der Aktivität oder allgemeine Ausrichtung auf die Welt. Es begründet die Ich-Gegebenheit oder Für-mich-Gegebenheit des subjektiven Lebens. Das Modell der Selbst-Störung ist tief in der phänomenologischen Tradition und der Kontinentalphilosophie verwurzelt.

Es wird angenommen, dass die Ipseität- oder Selbst-Störung bei Schizophrenie drei Hauptaspekte aufweist (Sass & Parnas, 2003). Diese drei Faktoren tragen zu einem gestörten Selbstsein bei, das als wesentliches Merkmal von Schizophrenie-Spektrum-Störungen gilt. Der erste wird als Hyperreflexivität (*hyperreflexivity*) bezeichnet, die sich auf ein übertriebenes Selbstbewusstsein bezieht, bei dem normalerweise implizite und nicht-volitionale Prozesse, wie z. B. das innere Denken, in den Mittelpunkt der Aufmerksamkeit rücken. Daher wird das, was stillschweigend geschieht, explizit. Ein zweiter Prozess, der als verminderte Selbstpräsenz (diminished self-presence) bezeichnet wird, bezieht sich auf eine Abnahme des (passiv oder automatisch) erlebten Gefühls, als Subjekt des Bewusstseins oder als Akteur des Handelns zu existieren. Der dritte Faktor, der gestörte »Griff« oder »Halt« (disturbed grip or hold), bezieht sich auf grundlegende Verzerrungen der Beziehungen zur äußeren Realität und der Art und Weise, wie man äußere Reize erlebt, begleitet von Veränderungen des »Realitätsstatus« der Welt. Man geht davon aus, dass solche Selbst-Störungen in gewissem Maße spezifisch für Störungen des schizophrenen Spektrums und nicht für bipolare Störungen oder andere psychische Störungen sind, und sie haben eine signifikante Vorhersagekraft für den Übergang von unspezifischen Prodromalphasen zur Psychose (Nelson, Thompson, & Yung, 2012). Dennoch bleibt ihre Überschneidung mit nicht-psychotischen Syndromen ein Diskussionsthema, zum Beispiel mit Depersonalisation und Derealisation.

Das Modell der Selbst-Störung ist derzeit kein weit verbreiteter klinischer Ansatz; die Bewertung von Störungen des minimalen Selbst-Erlebens bei Personen mit klinischem Hochrisiko (CHR) oder in der ersten psychotischen Episode könnte jedoch eine verbesserte Spezifität für die Diagnose bieten (was sich wiederum auf die Prognose und die Behandlung auswirkt) und ist daher heutzutage ein Ansatz, der viel erforscht und diskutiert wird (Sass et al., 2018).

1.3 Transdiagnostische Sichtweise auf Psychose

Psychotische Symptome sind keineswegs nur auf Patient*innen mit der Diagnose Schizophrenie beschränkt. Angesichts des Unterschieds zwischen der Prävalenz psychoseähnlicher Symptome in der Allgemeinbevölkerung (ca. 5–10 %; McGrath et al., 2015) und der Prävalenz von Schizophrenie (ca. 1 %) ist es nicht überraschend, dass bei vielen, wenn nicht sogar den meisten Menschen mit psychoseähnlichen Symptomen keine Schizophrenie oder sogar andere Psychosen aus dem schizophrenen Spektrum (z. B. schizoaffektive Störung) diagnostiziert werden. Stattdessen wird bei ihnen eher eine üblichere psychische Störung wie eine (unipolare oder bipolare) Depression, Angstzustände oder eine Borderline-Persönlichkeitsstörung diagnostiziert – insbesondere bei Personen, die Halluzinationen zusammen mit affektiver Instabilität angeben. Allerdings sagt das Vorhandensein psychotischer Symptome selbst im Zusammenhang mit den häufigeren Störungen einen höheren Schweregrad der Symptome, ein schlechteres Ansprechen auf die

Behandlung und eine schlechtere Funktionsfähigkeit voraus (Varghese et al., 2011; Yung et al., 2009). Daher ist es nach wie vor von entscheidender Bedeutung, psychotische Erfahrungen zu erkennen und zu behandeln, selbst bei Menschen, die keine psychotischen Störungen haben und Hilfe suchen.

1.4 Zum vorliegenden Buch

Das vorliegende Buch wurde verfasst, um Psychotherapeut*innen in der Ausbildung und Kliniker*innen eine aktualisierte Beschreibung des psychologischen Ansatzes zum Verständnis von Psychose anzubieten und um darzustellen, wie eine Person mit psychotischen Erfahrungen dabei unterstütz werden kann, den damit verbundenen Leidensdruck zu verringern. Um eine ganzheitliche Psychotherapie anbieten zu können, sollte Psychose als ein vielschichtiges Phänomen verstanden werden, das nicht nur im Zusammenhang mit der Diagnose einer paranoiden Schizophrenie auftritt. Außerdem ist zu berücksichtigen, dass es trotz der geringen Prävalenz (nicht-affektiver) psychotischer Störungen inzwischen zahlreiche Forschungsergebnisse und klinische Belege dafür gibt, dass a) frühe psychotische Erfahrungen als Prädiktor für die Psychopathologie im Erwachsenenalter (affektiv und nicht-affektiv) betrachtet werden sollten und b) der Schwerpunkt auf Prävention und Früherkennung gelegt werden sollte, um das Risiko des Übergangs zu einer Psychose zu reduzieren (Schimmelmann et al., 2008). Im Falle eines Übergangs verringern eine frühzeitige Erkennung und die Bereitstellung psychologischer Unterstützung die Wahrscheinlichkeit großer Auswirkungen der Störung auf das soziale Funktionieren und die Lebensqualität der Person.

Dieses Buch bietet daher eine aktualisierte Zusammenfassung der wichtigsten Erfahrungen, Symptome und Erklärungsmodelle der Psychose sowie einen genauen Überblick über die klinische Beurteilung und eine Einführung in die kognitive Verhaltenstherapie bei Psychosen, wobei der Schwerpunkt auf den frühen Stadien und dem frühen Beginn der Störung liegt. Wir haben auch einige neuere Diagnostik- und Therapieansätze auf diesem Gebiet aufgenommen, wobei diese aktuell noch erforscht werden.

1.5 Erscheinungsbild psychotischer Störungen

Psychotische Störungen können in vielfältiger Weise in Erscheinung treten. Psychoseähnliche Symptome im Kindes- und Jugendalter müssen zunächst nicht zwangsläufig auf eine Erkrankung hinweisen, wenngleich sie oft von hoher diagnostischer Relevanz sind. Sie liegen auf einem Kontinuum zwischen Phänomenen, die altersgemäß sind und der gesunden Entwicklung zugrunde liegen, bis hin zu Kennzeichen von psychotischen und anderen psychischen Erkrankungen. Psychoseähnliche Symptome sind bei Kindern und Jugendlichen häufig auftretende Phänomene; so geben fast 10% an, subklinische psychoseähnliche Symptome zu erleben (Healy et al, 2019). Im Folgenden werden zunächst die verschiedenen möglichen Symptome einer psychotischen Erkrankung vorgestellt:

Halluzinationen

Unter Halluzination versteht man eine Wahrnehmung, der kein entsprechender Außenreiz zugrunde liegt, die aber dennoch als realer Sinneseindruck wahrgenommen wird. Hierbei können alle Sinnesreize betroffen sein, am häufigsten treten jedoch auditorische Halluzinationen auf (70%), bei denen wiederum 50% der Betroffenen zusätzlich auch unter visuellen Halluzinationen leiden.

Wahn

Als Wahn bezeichnet man eine unkorrigierbare oder nur schwer korrigierbare Fehlbeurteilung von Eindrücken, an die eine Person trotz der Unvereinbarkeit mit prüfbaren Fakten und der in der Gesellschaft mehrheitlich akzeptierten Realität festhält und an der mit starker Gewissheit festgehalten wird. Ein Wahn ist nicht durch den kulturellen oder religiösen Hintergrund oder das Intelligenzniveau der betroffenen Person erklärbar. Im psychopathologischen Befund zählt er zu den inhaltlichen Denkstörungen. Bei einem Wahn wird beispielsweise unterschieden zwischen einem Verfolgungswahn, religiösem Wahn, Beziehungswahn, Größenwahn und Schuldwahn.

Denkstörung

Darunter versteht man eine psychopathologische Veränderung des Denkens, bei der Denkinhalt oder Denkabläufe betroffen sind. Ob eine Denkstörung vorhanden ist, wird basierend auf dem Gesprochenen beurteilt. Dabei wird zwischen formaler und inhaltlicher Denkstörung unterschieden. Eine formale Denkstörung ist beispielsweise gekennzeichnet von verlangsamtem Denken, Perseveration, Ideenflucht, Grübeln oder Vorbeireden. Bei einer inhaltlichen Denkstörung wird unterschieden, ob diese wahnhaft oder nicht wahnhaft ist.

Desorganisiertes Verhalten

Darunter wird ein ungewöhnliches, bizarres Verhalten verstanden, das sich in der Wahl der Kleidung, in sozialer Interaktion und im Sexualverhalten ausdrücken kann.

Störung der Motorik

Darunter werden ungewöhnliche Bewegungen oder Haltungen verstanden, die sich durch übermäßige, sinnlose Bewegungen, Bewegungsunfähigkeit oder starre Haltungen auszeichnen.

- Katatonie: gekennzeichnet durch eine unnatürliche, stark verkrampfte Haltung
- Stupor: gekennzeichnet durch eine psychomotorische Hemmung des Bewegungsablaufs

Negativsymptomatik

Dieser Begriff fasst eine Gruppe an Symptomen zusammen, die durch Herabsetzung, Minderung und Verarmung psychischer Merkmale einer Person gekennzeichnet sind. Sie sind medikamentös nur schwer zu beeinflussen und umfassen einen reduzierten Ausdruck (Affektverflachung) und Apathie (Avolition, Anhedonie, Asozialität), wobei das Verfolgen zielgerichteter Aktivitäten beeinträchtigt ist.

1.5.1 Kontinuumsmodell der Psychose

Wie auch bei anderen psychischen Störungen zeigt sich im Bereich der Schizophrenie zunehmend die Tendenz, die Schizophrenie als eine Ausprägung auf einem Kontinuum und weniger als kategoriale Unterscheidung von einem Normalzustand zu verstehen (van Os, Linscott, Myin-Germeys, Delespaul & Krabbendam, 2009). Einige Studienergebnisse geben Hinweise auf eine genetische Überschneidung zwischen der Schizophrenie und anderen psychischen Störungen (Craddock & Owen, 2010).

Wenn ein Merkmal ferner als Kontinuum verstanden wird, so sollte dieses sowohl in klinischen als auch nicht-klinischen Stichproben vorhanden sein (van Os, et al. 2009). Ein systematisches Review von Healy et al. (2019) ergab, dass bei Kindern und Jugendlichen in einer nicht-klinischen Stichprobe durchschnittlich 9.8 % psychoseähnliche Symptome erlebt haben. Dies impliziert, dass das Erleben psychotischer Symptome nicht mit einer psychotischen Störung gleichzusetzen ist. Durch bestimmte Faktoren wie Aufdringlichkeit und Häufigkeit der Symptome, Komorbiditäten, Symptombewältigung, individuelle oder kulturelle Merkmale und Beeinträchtigung durch die Symptome wird aus dem Erleben psychotischer Symptome dann eine psychotische Störung (van Os et al., 2009). Van Os et al. (2009) schlagen deshalb ein Kontinuumsmodell für Psychosen bestehend aus Vulnerabilität für das Auftreten der psychotischen Symptome, Persistieren der Symptome und Ausmaß an Beeinträchtigung durch die Symptome vor.

Das Erleben psychoseähnlicher Symptome ist verbreiteter als vielleicht angenommen, da einige Menschen eine Vulnerabilität bzw. Neigung haben, diese zu erleben (*psychosis proneness*). Das Erleben psychoseähnlicher Symptome remittiert mit der Zeit in den meisten Fällen spontan. In einigen Fällen überdauert dieses Erleben im Zusammenwirken mit verschiedenen psychologischen und biologischen Faktoren über eine längere Zeit und persistiert (*psychosis persistence*). Diese Persistenz wiederum ist ein Risikofaktor dafür, dass Menschen eine Beeinträchtigung durch ihre psychotischen Symptome erleben (*psychosis impairment*).

1.5.2 Prädiktoren und Vulnerabilitätsfaktoren für die Entwicklung einer Psychose

Die Geschichte der Psychologie zeigt wiederholt sich widersprechende Haltungen bezüglich der Ursache(n) für die Entwicklung psychotischer Störungen. Auch die Umwelt-Genetik-Debatte diesbezüglich ist weiterhin nicht abgeschlossen. Als gesichert gilt jedoch, dass von einer multifaktoriellen Entstehung auszugehen ist; die derzeitige Forschungslage spricht am ehesten für ein integriertes biopsychosoziales Modell als Erklärung für die Entwicklung psychotischer Erkrankungen. Dabei ist anzumerken, dass verschiedene Faktoren zu unterschiedlicher psychotischer Symptomatik führen können, was wiederum für die psychotherapeutische Behandlung von Bedeutung ist.

Zunächst gibt es eine große Anzahl an Studien, die darauf hinweisen, dass es eine genetische Vulnerabilität gibt, die das Risiko an einer Psychose zu erkranken erhöht, diesen fehlt es jedoch weiterhin an Spezifität (Smigielski, Jagannath, Rössler, Walitza, & Grünblatt, 2020). Auf Neurotransmitterebene wird seit 1966 die Dopaminhypothese angeführt, die von einer Dysregulation der Dopaminaktivität im Hirn als Ursache für eine Psychose ausgeht (van Rossum, 1966). Diese Hypothese wurde in den letzten Jahren zunehmend in Frage gestellt und wird mittlerweile als unzureichend betrachtet, da neuere wirksame Antipsychotika auch auf andere Neurotransmitter wirken (Seeman, 2021), wenngleich auch neueste Befunde von einer signifikanten Bedeutung von Dopamin bei der Entstehung psychotischer Symptomatik ausgehen (Stahl, 2018).

Aktuell werden mindestens 30 pränatale und perinatale Faktoren mit der Ätiologie psychotischer Erkrankungen assoziiert (Davies et al, 2020). Die größten Effekte haben dabei laut einer Metaanalyse von Davies et al (2020) die elterliche Psychopathologie, wobei dieser Faktor auch als genetischer oder gar späterer Umweltfaktor eingeordnet werden kann, der ein Risiko darstellt. Deshalb wird im Folgenden nochmal darauf eingegangen. Als signifikanter Risikofaktor in Kindheit und Jugend zählen aversive Erfahrungen (van Os & Reininghaus, 2016; van Dam et al, 2015). Unter Betroffenen von psychotischen Störungen zeigt sich eine Prävalenz traumatischer Erfahrungen in der Historie von bis zu 89 % (Vila-Badia et al, 2021). Dabei wurden beispielsweise spezifische Zusammenhänge zwischen sexueller Gewalt und auditiven Halluzinationen sowie zwischen emotionalem Missbrauch und wahnhafter Symptomatik hergestellt (Hardy et al, 2016). Gewalterfahrungen in der Kindheit wurden in Studien wiederholt als Risiko- und sogar als kausaler Faktor für psychotische Störungen gezeigt (Bailey et al, 2018). Zudem ist beim Zusammenhang zwischen Kindheitstraumata/Vernachlässigung in der Kindheit und Psychosen eine Dosis-Wirkung-Beziehung stark zu vermuten, ähnlich wie bei anderen psychischen Erkrankungen (Trauelsen et al, 2015). Als aversive Erfahrung in Kindheit und Jugend ist zudem Migration zu erwähnen: In dieser Population ist das Erkrankungsrisiko beinahe doppelt so hoch wie in der im Inland geborenen Population (Anderson & Edwards, 2020).

Emotionale Schwierigkeiten in der Kindheit sind ein weiterer unspezifischer, aber signifikanter prädiktiver Faktor (Peters et al, 2016). So fand auch Ames et al (2014), dass emotionale Schwierigkeiten psychoseähnliche Symptome wie auditive Halluzinationen voraussagen, als er eine Studie zu hilfesuchenden Kindern (8–14 Jahre) durchführte. In dem Zusammenhang ist die Forschung zur Rolle der Familie relevant, insbesondere zu *expressed emotion:* So konnte die *European prediction of psychosis study* zeigen, dass CHR-Individuen, die ihre wichtigste Bezugsperson in ihrem sozialen Umfeld als eingeschränkt in ihren Stressbewältigungsfähigkeiten wahrnahmen, ein höheres Erkrankungsrisiko zeigten (Haidl et al, 2018). Als stärkste Prädiktoren zählen bei den späten Risikofaktoren laut einer kürzlichen Metaanalyse abgeschwächte psychotische Symptome, ein reduziertes Funktionsniveau und negative psychotische Symptome als die stärksten Prädiktoren (Oliver et al, 2019). Bei der Einschätzung des Funktionsniveaus seien insbesondere soziale Auffälligkeiten zu berücksichtigen (Addington et al, 2019).

Abschließend sei noch Cannabiskonsum als später Risikofaktor zu erwähnen: Eine kürzlich veröffentlichte Metaanalyse konnte keinen Unterschied zwischen Konsumierenden und nicht-Konsumierenden in der Transition von der CHR-Phase zur Psychose feststellen (Farris, Shakeel & Addington, 2020). Dies bedeutet nicht, dass Cannabis keinen Risikofaktor darstellt, da die Konsummenge als Schlüsselfaktor zu gelten scheint (Marconi, Di Forti, Lewis, Murray & Vassos, 2016; Kraan et al, 2016). Während noch unklar ist, ob und inwiefern Cannabiskonsum Psychosen hervorruft, zeigt die Evidenzlage, dass früher und häufiger Konsum öfter in Individuen mit einer erhöhten Psychosevulnerabilität auftritt (Ksir & Hart, 2016) und möglicherweise eher als Prodromalanzeichen zu werten ist. Für eine detaillierte Übersicht der Risikofaktoren für Psychosen siehe die Metaanalyse von Fusar-Poli et al (2017). Im Kapitel »Erklärungsmodelle früher Psychosen« (▶ Kap. 5) werden einige der genannten Risikofaktoren nochmal aufgegriffen.

1.6 Klassifikation

1.6.1 Diagnostische Kriterien psychotischer Störungen

In Deutschland wird derzeit die diagnostische Klassifikation von psychotischen Störungen nach der 11. Version der Internationalen statistischen Klassifikation der Krankheiten und verwandter Gesundheitsprobleme (ICD-11; World Health Organization, 2022) eingeführt. Zu beachten ist, dass die Kriterien für die Diagnostik psychotischer Störungen bei Kindern und Jugendlichen die gleichen sind wie bei

Erwachsenen. Die Diagnose Schizophrenie soll anhand operationalisierter Kriterien gestellt werden. International anerkannte diagnostische Definitionen liegen operationalisiert in zwei Diagnosemanualen vor (DSM-5 und ICD-11). In Deutschland ist in der medizinischen Versorgung die ICD verbindlich. Bei allen Diagnosekriterien ist wichtig, Erfahrungen und Symptome im Kontext des kulturellen Hintergrunds des Individuums zu betrachten. Eine Übersicht über die wichtigsten Änderungen von ICD-10 zu ICD-11 findet sich in der folgenden Tabelle (▶ Tab. 1.1)

Tab. 1.1: Änderungen der Klassifikation von Diagnosen nach ICD-10 zum ICD-11.

Diagnosen gemäß ICD-10:	Diagnosen gemäß ICD-11:
Schizophrenie (F20.x)	Schnizophrenie (6 A20)
Shizotype Störung (F21)	Schizotype Störung (6 A22)
Anhaltende wahnhafte Strörung (F22)	Wahnhafte Störung (6 A24)
Akute polymorphe Psychose (F23)	Akute und vorrübergehende Psychose (6 A23)
Schizoaffektive Störung (F25)	Schizoaffektive Störung (6 A21)

Kriterien einer Schizophrenie (ICD-11 und DSM-5)

Gemäß ICD-11 erfordert die Diagnose Schizophrenie (6 A20) mindestens zwei der folgenden Symptome über 4 Wochen (eines davon aus a-e):

a. persistierender Wahn (z. B. Größenwahn, Beziehungswahn, Verfolgungswahn).
b. persistierende Halluzinationen (gewöhnlich akustisch, obwohl auch jede andere Sinnesmodalität betroffen sein kann).
c. formale Denkstörungen.
d. Ich-Störungen (z. B. Gedankeneingebung, Gedankenentzug, Gedankenausbreitung, Fremdbeeinflussungserleben).
e. Negativsymptome (z. B. Affektverflachung, Aphasie oder Sprachverarmung, Antriebsmangel, sozialer Rückzug, Anhedonie).
f. Desorganisiertes Verhalten (z. B. bizarr, ziellos sowie unvorhersehbare oder inadäquate emotionale Reaktionen).
g. Psychomotorische Störungen (z. B. katatone Unruhe oder Agitation, Haltungsstereotypien, wächserne Flexibilität, Negativismus, Mutismus, Stupor).

Gemäß DSM-5 erfordert die Diagnose der Schizophrenie eines der folgenden Kriterien:

- ≥ 2 charakteristische Symptome (Wahnvorstellungen, Halluzinationen, zerfahrene Rede, desorganisiertes Verhalten, Negativsymptome), die über einen

> signifikanten Anteil eines 6-Monats-Zeitraums bestehen (die Symptome müssen mindestens eines der ersten drei einschließen)
> - Prodromi oder abgeschwächte Krankheitszeichen mit Beeinträchtigungen im sozialen oder beruflichen Bereich oder bzgl. der eigenen Versorgung, die über einen 6-Monats-Zeitraum hinweg offensichtlich sind, wobei 1 Monat mit aktiven Symptomen eingeschlossen ist.

Zudem wurde das erhöhte Psychoserisiko als »abgeschwächtes Psychosesyndrom« in die Forschungskriterien des DSM-5 aufgenommen (American Psychological Association, 2013). Die Kriterien des abgeschwächten Psychosesyndroms umfassen ein psychotisches Erleben in abgeschwächter Form, Leidensdruck und ein reduziertes Funktionsniveau, die nicht besser durch eine andere Diagnose erklärt werden. Das Syndrom deckt wesentliche Risikokriterien für eine psychotische Ersterkrankung ab und stellt einen wichtigen Schritt in Richtung Prävention dar. Obwohl Andreas Bechdolf bereits 2014 für die Einführung des Syndroms in die Regelversorgung plädierte, ist dies nicht erfolgt; auch im ICD-11 wird das abgeschwächte Psychosesyndrom keine diagnostische Kategorie darstellen.

Unter den psychotischen Störungen stellt die Schizophrenie die häufigste, jedoch nicht einzige psychotische Störung dar und tritt weltweit bei ca. 1 % der Bevölkerung auf, erstmals meist zwischen dem 18. und 35. Lebensjahr (RKI, 2010). Betrachtet man alle psychotischen Störungen, ist die Prävalenz sogar bei über 3 % (Perälä et al, 2007). Psychotische Störungen können auch im Rahmen affektiver Störungen auftreten (Lieberman, Michael & First, 2018): Dazu zählt beispielsweise die schizoaffektive Störung, bei der die Lebenszeit-Prävalenz mit 0,5–0,8 % angegeben wird (Hausmann, 2010). Weiterhin zählen dazu die bipolare Störung mit psychotischen Symptomen und schwere depressive Episoden mit psychotischen Symptomen.

Abschließend kann man zwischen organischen, durch erkennbare Ursachen wie Substanzen oder einem Schlaganfall verursachten und nichtorganischen, ohne erkennbare Ursache entstandenen Psychosen unterscheiden. Diese klinisch nützlichen Begriffe findet man allerdings nicht in den internationalen Klassifikationssystemen.

1.6.2 Das Clinical Staging Model

Um dem Bedarf nach einer klaren Orientierung, die das heterogene Auftreten psychotischer Störungen berücksichtigt, gerecht zu werden, möchten wir an dieser Stelle das *Clinical Staging Model* (CSM), entwickelt von McGorry and colleagues (2006, 2007, 2019), vorstellen. Das Modell geht davon aus, dass *at-risk* Individuen in der Regel erste Symptome in der Adoleszenz entwickeln. Abhängig von neurobiologischen, sozialen und persönlichen Risiko- und protektiven Faktoren können diese zunehmen und in ernsthaftere Stadien progressieren. Das CSM differenziert bezüglich der Dimensionen Zeit, Schweregrad, anhaltender Symptomatik und Wiederauftreten und zeigt somit einen Rahmen auf, der die Entwicklung von allgemeinen bis zu sehr spezifischen Interventionen ermöglicht. Das Modell ist individuenfokussiert und ermöglicht es, auf einem Kontinuumsverlauf die Erkrankung zu definieren und wo eine Person zu einem bestimmten Zeitpunkt liegt. Wenn spezifische Interventionen zum richtigen Zeitpunkt angeboten werden, können diese effektiver sein und die Nebenwirkungen von Interventionen für eine fortgeschrittene Erkrankung vermieden werden (McGorry et al, 2007). So kann eine frühe und effektive Intervention die Prognose verbessern und der Fortschritt der Erkrankung zu weiteren Stadien vermieden werden.

Das derzeitige CSM differenziert folgende Stadien:

- **Stadium 0:** asymptomatische/prämorbide Subgruppen (selektive Prävention)
- **Stadium 1a:** Prodromalphase
- **Stadium 1b:** *Clinical high risk* Individuen
- **Stadium 2:** erste psychotische Episode
- **Stadium 3a:** unvollständige Genesung von der ersten Episode
- **Stadium 3b:** Wiederauftreten oder Rückfall stabilisiert durch Behandlung, jedoch Restsymptomatik vorhanden
- **Stadium 3c:** rezidivierende psychotische Episoden und zunehmende Beeinträchtigung
- **Stadium 4:** schwergradige, persistierende Erkrankung

So bietet das CSM einen präventionsorientierten Rahmen zur Intervention bei einem so komplexen und heterogenen Syndrom wie der Psychose. Bei der Schizophrenie und verwandten Störungen kann die Progression von prodromaler Symptomatik zur ersten psychotischen Episode und weiter hin zur chronischen Psychose sowie kognitiver und sozialer Verschlechterung vermieden werden. Viele Individuen progressieren bei erfolgreicher Intervention nicht zum nächsten Stadium der Erkrankung oder genesen ganz. Das Modell ist bidirektional und berücksichtigt somit, dass Störungen sowohl voranschreiten wie auch remittieren können. Carriòn, Correll, Auther, & Cornblatt (2017) konnten bereits validieren, dass die Berücksichtigung dieser vier Stadien in der Diagnostik und Behandlung die Möglichkeit verbesserte, bereits in der Prodromalphase effektiv zu intervenieren und die Progression der Erkrankung einzuschränken.

Laut Fusar-Poli, McGorry & Kane (2017) ist so ein klinisches Staging-Modell notwendig, um die Behandlung einer so komplexen und heterogenen Störung wie die psychotischer Störungen zu verbessern. Je nach Stadium, in dem eine Person eingeordnet wird, kann so eine bestimmte, angepasste Behandlung diesem zugeordnet und angewandt werden. Bislang hat das CSM im deutschen Gesundheitssystem keine grundsätzliche Berücksichtigung gefunden, allerdings gibt es erste Früherkennungszentren (wie das FRITZ und FETZ), die entsprechend des CSM arbeiten. Auch die Einrichtung *Soulspace* in Berlin arbeitet gemäß diesem Modell. In Kapitel 2 wird näher auf das CSM eingegangen und in Kapitel 7 finden Sie mehr zu Therapieangeboten.

1.7 Überprüfung der Lernziele

- Welche Vulnerabilitätsfaktoren und Symptome einer psychotischen Störung waren im Fallbeispiel Noah erkennbar?
- Was ist eine Denkstörung und zwischen welchen Arten von Denkstörungen können wir unterscheiden?
- Was sind die diagnostischen Kriterien einer Schizophrenie Störung nach ICD-11?

2 Epidemiologie, Verlauf und Folgen

Fallbeispiel

Adara ist eine 20-jährige britisch-indische Frau, die bei ihren Eltern und zwei Geschwistern lebt. Sie hat das Abitur absolviert, ist aber seitdem arbeitslos und arbeitet an einem Nachmittag in der Woche ehrenamtlich als Rezeptionistin. Adara hat viele Freizeitaktivitäten. Sie singt in einem Chor, macht Gartenarbeitskurse und ist in einer Kunst- und Lyrikgruppe. Adara wurde zum ersten Mal krank, als sie 17 Jahre alt war – zwei Jahre nachdem sie von Indien nach Großbritannien zog. Sie erzählte, dass ihre Schulzeit nach dem Umzug sehr hart und stressig gewesen sei. Sie habe sich sehr isoliert und von Gleichaltrigen »abgelehnt« gefühlt. Mit der Zeit habe sie diesen gegenüber zunehmend Misstrauen und die Überzeugung entwickelt, dass diese sich gegen sie verschwören. Gleichzeitig habe sie sich immer schlechter in der Schule konzentrieren können und sei zuhause als zunehmend wortkarg und schlecht gelaunt aufgefallen. Adara erklärte, dass sie im Laufe der Zeit begonnen habe, fünf bis sechs Stimmen zu hören. Lange Zeit habe sie geglaubt, dass alle anderen diese auch hören könnten. Sie höre sie bis heute. Es seien alles Menschen, die sie in der Vergangenheit getroffen habe; sie kenne sie. Die Stimmen treten jeden Tag auf, fast ununterbrochen und über Stunden hinweg. Die Stimmen kämen immer aus ihrem Kopf und seien genauso laut wie ihre eigene Stimme. Ganz am Anfang habe sie diese nur als Flüstern wahrgenommen. Sie ist fest davon überzeugt, dass sie die Stimmen höre, weil sie in der Vergangenheit zu viel an die Personen gedacht habe, was dazu geführt habe, dass sie deren Stimmen höre. Sie glaubt auch, dass »diese Gruppe von Stimmen will, dass ich keinen Erfolg habe«. Die Stimmen sagen unangenehme Dinge. Sie seien beunruhigend und beeinträchtigen ihr soziales und berufliches Leben. Sie glaubt, dass es eine »Hauptstimme« gebe, die Baji heiße und einem Mädchen aus ihrer Mittelschule gleiche. Baji kopiere Adara ständig. Die Stimme sage: »Ich werde dich umbringen« und »Du bist dumm«. Wenn die Stimmen nicht mehr erträglich sind, ziehe sie sich in ihr Zimmer zurück, um »ihre Rituale« zu vollziehen (sie wollte sich nicht festlegen, aber dazu gehört auch, mit ihnen zu sprechen). Wenn dies geschieht, kann Adara vier bis fünf Tage lang nicht auf ihre Körperhygiene achten, was manchmal schon zu ärztlicher Behandlung geführt hat.

> **Lernziele**
>
> - Sie können im Fallbeispiel Adara den Verlauf der Prodromalphase inklusive der Clinical High Risk Phase erkennen und den Verlauf und die Folgen der Erkrankung beschreiben.
> - Sie können zwischen der Clinical High Risk und einer manifestierten Psychose unterscheiden.
> - Sie können häufige Folgen psychotischer Symptomatik im Kindes- und Jugendalter benennen.

2.1 Epidemiologie

Epidemiologische Studien insbesondere zu Erkrankungsraten im Vor- und Grundschulalter sind vergleichsweise selten. Die Häufigkeit von Schizophrenie-Erkrankungen in der Kindheit (vor dem 13. Lebensjahr) sind viel seltener als im Erwachsenenalter und liegen bei weniger als 1 von 10.000 Kindern. Dann gibt es einen steilen Anstieg der Häufigkeit zwischen dem 13. und 18. Lebensjahr (Sullivan et al, 2020). In einer großen Stichprobe erfüllten 1,8 % der Teilnehmenden zwischen dem 12. und 18. Lebensjahr die Kriterien einer psychotischen Störung, wobei visuelle oder auditive Halluzinationen als häufigstes Symptom benannt wurden (Zammit et al, 2013).

Eine Metaanalyse schätzt, dass bis zum 14. Lebensjahr 3 %, bis zum 18. Lebensjahr 8,2 % und bis zum 25. Lebensjahr 47,8 % der Personen, die im Laufe ihres Lebens eine Psychose entwickeln, erstmalig erkranken, wobei der Gipfel für das Auftreten psychotischer Störungen bei 20,5 Jahren liegt (Solmi et al, 2022).

Subklinische, psychoseähnliche Symptome dagegen werden viel häufiger von Kindern erlebt: bis zu zwei Drittel der Kinder im Alter von 9–11 Jahren berichten davon (Healy et al, 2019; Laurens et al, 2012). Zu beachten ist hierbei, dass je jünger die Kinder sind, desto stärker ist die Tendenz zur Überbewertung in diagnostischen Befragungen (Rouhakhtar et al, 2019). In der Allgemeinbevölkerung zeigen Studien eine Prävalenz von 4–8 % für das Auftreten psychotischer oder psychoseähnlicher Symptome, oft (aber nicht immer!) einhergehend mit Leidensdruck und hilfesuchendem Verhalten, wenngleich dies nicht zwangsläufig in der Entwicklung einer psychotischen Störung resultiert (Linscott & van Os, 2013; van Os et al, 2009). Im Gegenteil: Bei 50–95 % der Personen, die psychoseähnliche Symptome angeben, ebben diese nach wenigen Wochen bis Monaten wieder ab (Rubio et al, 2012; Schimmelmann et al, 2013). Diese scheinen also zunächst eine normative Erscheinung zu sein. Nichtsdestotrotz bleibt das Risiko, an einer Psychose zu erkranken bestehen und ist schätzungsweise 5–6-mal höher bei Individuen, die persistierende Halluzinationen im Jugendalter erleben (Poulton et al, 2000; Jardri et al, 2014).

2.2 Verlauf

Vor dem Ausbruch einer ersten psychotischen Episode erlebt die betroffene Person häufig eine sogenannte Prodromalphase. Die Prodromalphase bezeichnet die Periode zwischen ersten beobachtbaren Verhaltensänderungen und dem Erscheinen von Symptomen, die den Kriterien einer Psychose entsprechen und wird auch als die bereits erwähnte *clinical high risk* (CHR) bezeichnet (Yung & McGorry, 1996; Schultze-Lutter et al, 2015a). Diese Phase kann zwischen wenigen Tagen bis hin zu fünf Jahren anhalten (Häfner, 1995). In dieser Phase treten die zuvor beschriebenen psychoseähnlichen Symptome häufig erstmals auf, begleitet von sozialen Schwierigkeiten, Rückzug und negativem Affekt. Diese Phase ist zudem durch einen deutlichen Rückgang des psychosozialen Funktionsniveaus gekennzeichnet, was bereits als Risikofaktor erwähnt wurde. Weiter unten (▶ Kap. 5) wird nochmal näher auf diese Phase eingegangen.

Der frühe Beginn einer psychotischen Störung wird assoziiert mit prämorbiden Anomalien: Patient*innen mit *early-onset* vor dem 18. Lebensjahr haben ein tendenziell niedrigeres prämorbides Funktionsniveau und die psychotische Störung bleibt länger unbehandelt als bei erwachsenen Betroffenen (Schimmelmann et al, 2008). Dabei korreliert die Dauer der unbehandelten Psychose mit einem schlechteren Verlauf (Marshall et al. 2005). Dies deutet auf die Notwendigkeit eines alternativen und verbesserten Ansatzes zur Früherkennung psychotischer Symptome bei Kindern und Jugendlichen hin.

Psychotische Störungen verlaufen entweder kontinuierlich episodisch mit zunehmenden oder stabilen Defiziten, oder es können eine oder mehrere Episoden mit vollständiger oder unvollständiger Remission auftreten.

2.3 Clinical High Risk der Psychose

In diesem Teil des Buchs soll der Fokus auf die prä-psychotische Phase, also die prämorbide und prodromale Phase gelegt werden. In der Fachliteratur finden Sie sich für diese Phase die Begriffe *clinical-high risk*, *ultra-high risk* (UHR), *putatively prodromal*, *at-risk mental state* (ARMS) (Yung et al., 1996; Schultze-Lutter, Schimmelmann & Ruhrmann, 2011). Im Folgenden wird der Begriff *Clinical-High Risk* (CHR) verwendet. CHR beschreibt das Zeitintervall zwischen ersten psychoseähnlichen Symptomen und erkennbaren Verhaltensauffälligkeiten. Personen in dieser Phase haben also ein höheres Risiko, an einer psychotischen Störung zu erkranken.

Der Begriff der *Clinical High Risk* hat eine lange Historie und Entwicklung hinter sich. 1996 beschrieben Yung, McGorry, McFarlane, Jackson, Patton und Rakkar den theoretischen Hintergrund sowie erste klinische Ansätze für Interventionen, adaptiert für junge Menschen, die ein erhöhtes Risiko haben, im späteren Verlauf an einer psychotischen Störung zu leiden. Mittlerweile ist das Konzept des CHR ein zentraler Bestandteil von Leitlinien zur Behandlung von Psychosen, wie etwa in den NICE Leitlinien (Nice, 2013 und 2014). Auch im aktuellen DSM-5 ist der Begriff des attenuierten Psychose-Syndroms unter der Kategorie »Andere näher bezeichnete Störung aus dem Schizophrenie-Spektrum und andere psychotische Störungen« zu finden (American Psychiatric Association, 2013).

Beruhend auf diesem Risiko wurde in den letzten Jahren zunehmend daran geforscht, welche Risikofaktoren besonders aussagekräftig sind. Es wurden, basierend auf bestehenden diagnostischen Instrumenten wie dem SIPS (*Structured Interview of Psychosis-risk syndromes*, McGlashan, Walsh & Woods, 2010) und dem CAARMS (*Comprehensive Assessment of At-Risk Mental States*, Yung et al, 2005b), Leitlinien entwickelt, um Personen in sogenannten *Clinical High Risk States* korrekt zu identifizieren und frühe Intervention zu ermöglichen (Leitlinien der Europäischen Psychiatrischen Vereinigung (EPA), Schultze-Lutter et al, 2015a). Diese Instrumente wurden allerdings nur in Populationen ab 15 Jahren validiert (Fusar-Poli et al, 2016a).

> **EPA-Kriterien zur Risikogruppenzuordnung**
>
> Sucht eine Person Hilfe auf und eine gegenwärtige oder vergangene Psychose und somatische Erkrankung können ausgeschlossen werden, so empfiehlt die EPA (Schultze-Lutter et al, 2015a), dass Personen anhand von **drei Kriterien als der Risikogruppe zugehörig eingeordnet werden**:
>
> 1. Mindestens ein abgeschwächt auftretendes psychotisches Symptom wie ungewöhnliche Denkinhalte, Beziehungsideen, wahnhaft anmutende Gedanken oder Halluzinationen bei bestehender Einsicht, dass es solche sind, oder desorganisierte Sprache, die noch verständlich ist (erfüllt die Anforderungen der SIPS oder der früheren CAARMS),
> 2. mindestens zwei in der Selbstauskunft angegebene kognitive Basissymptome (wie z.B. Gedankenabreißen oder Gedankeneingebung), mindestens wöchentlich auftretend in den vergangenen drei Monaten und nicht durch Substanzkonsum bedingt und
> 3. mindestens ein nur gelegentlich auftretendes psychotisches Symptom (Wahn, Halluzinationen, Denkstörung), das die zusätzlichen Anforderungen der SIPS oder der früheren CAARMS erfüllt.

2.3.1 Klinische Relevanz von CHR

Personen in der CHR-Phase zeigen häufig attenuierte Positivsymptome und können bereits komorbid an affektiven oder Angststörungen leiden (Catalan et al., 2021). Ferner zeigen sich Zusammenhänge zwischen dem attenuierten Psychose-Syndrom nach DSM-5 und Leidensdruck, Suizidalität und Beeinträchtigungen im allgemeinen Funktionsniveau (Salazar de Pablo et al., 2020). Prognostisch erhöht das Erleben einer CHR-Phase die Wahrscheinlichkeit, an einer Psychose zu erkranken um 10,4 % innerhalb der nächsten 6 Monate, um 20 % innerhalb der nächsten 12 Monate und um 23 % innerhalb der nächsten 24 Monate (Catalan et al., 2021). Psychotische Störungen können zu schweren Beeinträchtigungen führen, die mit hohen Kosten und psychosozialen Schwierigkeiten einhergehen können (Gustavsson et al., 2011). Ein häufiger Grund hierfür ist eine lange unbehandelte Phase, die zu einer Verschlechterung sowohl der positiven als auch der negativen Symptome führen kann (Penttilä et al., 2014). Aus diesem Grunde ist eine frühe Erkennung und Behandlung von psychoseähnlichen Symptomen wichtig, um die Dauer unbehandelter Psychosen gering zu halten. Die Prävalenz von CHR beträgt 1,7 % in der Allgemeinbevölkerung und 19,2 % im klinischen Setting (Salazar de Pablo et al., 2021a). Ein gezieltes Screening auf CHR bei einer Person im klinischen Setting ist deshalb sinnvoll für die Prävention und adäquate Behandlung psychotischer Störungen.

Die frühzeitige Erkennung einer möglichen CHR könnte auch eine Rolle dabei spielen, eine erste psychotische Episode möglichst gut zu behandeln. Eine längere unbehandelte Psychose (*duration of untreated psychosis*, DUP) kann sich negativ auf die prognostische Entwicklung auswirken. So ist eine längere unbehandelte psychotische Phase assoziiert mit einem schlechteren prämorbiden Funktionsniveau und einem jüngeren Alter während der Ersterkrankung (Schimmelmann, Huber, Lambert, Cotton, McGorry & Conus. 2008).

2.3.2 Risiko für den Übergang in eine psychotische Störung

Neben der CHR-Phase erleben einige Personen im weiteren Verlauf ihre erste psychotische Phase. Als erste psychotische Episode bezeichnet man den Zustand, wenn eine Person für mindestens sieben Tage unter klinisch relevanten psychotischen Symptomen leidet. Somit sind hier im Gegensatz zur CHR die klinischen Schwellenwerte bereits diagnostisch überschritten. Die erste psychotische Episode geht mit einer hohen Wahrscheinlichkeit einer Klinikeinweisung einher (Gannon, Mullen, McGorry & O'Donoghue, 2023) (▶ Tab. 2.1). Hier erhalten die meisten Menschen eine offizielle psychotische Diagnose.

Personen, die sich in einer CHR-Phase befinden, haben eine höhere Wahrscheinlichkeit an einer psychotischen Störung zu leiden. Die meisten von ihnen erfahren innerhalb der ersten zwei bis drei Jahre eine erste psychotische Episode (Fusar-Poli et al., 2017). Gleichzeitig erfährt ein Großteil der Personen in einer CHR-Phase keine psychotische Episode (Fusar-Poli et al., 2020). Je nach Stichprobe und Art der Follow-Up-Untersuchung entwickeln 18–30 % aus einer CHR-Phase eine psychotische Störung (Meneghelli et al., 2020, Fusar-Poli et al., 2016b, Nelson et al., 2011). Deshalb ist die Erkennung von Personen in einer CHR-Phase, die mit höherer Wahrscheinlichkeit an einer psychotischen Episode zu erkranken einhergeht, wichtig, um gezielt Präventivarbeit leisten zu können. Risikofaktoren, die den Übergang in eine psychotische Störung erhöhen, sind hierbei das Erleben attenuierter psychotischer Symptome, negativer Symptome und Beeinträchtigungen im Funktionsniveau sowie Defizite im verbalen Gedächtnis (Andreou, Eickhoff, Heide, de Bock, Obleser & Borgwardt, 2023).

Tab. 2.1: Symptomatische Unterschiede zwischen CHR und manifestierter Psychose (Kleiger & Khadivi, 2015)

Psychoseähnliche Symptome CHR	Manifestierte Psychose
überwertige Ideen, Beziehungsideen	Wahn
Misstrauen	Paranoia
überhöhtes Selbstwertgefühl	Größenwahn
Veränderungen in der Wahrnehmung (hören ungewöhnlicher Geräusche oder des eigenen Namens, sehen von Schatten)	Halluzinationen
sprunghafte/ungewöhnliche Sprache	desorganisiertes Sprechen
Zweifel an/geringe Überzeugung für ungewöhnlichen Erfahrungen	beeinträchtigte Realitätsprüfung

2.4 Folgen psychotischer Symptomatik im Kindes- und Jugendalter

Psychoseähnliche Symptome sind insbesondere im Jugendalter ein häufiges Phänomen, wenn man bedenkt, dass fast 10% der Befragten angeben, sie zu erleben (Healy et al, 2019). Sie sind zu 80% von vorübergehender Natur (Kaymaz et al, 2012; Linscott & van Os, 2013). Nichtsdestotrotz haben Studien wiederholt gezeigt, dass sie sowohl einen Risikofaktor darstellen als auch mit verschiedenen psychischen Störungen einhergehen können und eine frühzeitige Erkennung und entsprechende Behandlung für Prognose und Behandlungserfolg zentral sind (Perkins et al, 2005; Pentillä et al, 2014). Wiederholt hat sich dabei ein Zusammenhang zwischen der sogenannten *duration of untreated psychosis (DUP)*, also der Zeitspanne mit unbehandelter Psychose, und einem verzögertem Abklang der Symptomatik, eine reduzierte Compliance in der Behandlung und einem höheren Risiko einer depressiven Erkrankung gezeigt (Drake, Haley, Akhtar & Lewis, 2000; Marshall et al, 2005; Norman & Malla, 2001; Perkins et al, 2005). Es ist somit von hoher

Relevanz, bei Auftreten psychotischer Symptomatik die Behandlung frühestmöglich zu beginnen. Tritt eine akute psychotische Symptomatik bereits im Kindes- und Jugendalter auf, so hat dies häufiger tiefgreifende soziale Konsequenzen, da die Erkrankung die kognitive und soziale Entwicklung bereits in einem früheren Stadium stört (Häfner & Nowotny, 1995). Zudem zeigt die Forschung gravierende Folgen von Stigmatisierung bei Jugendlichen bereits in der CHR-Phase (DeLuca et al, 2021) und erhöht nachweislich die Wahrscheinlichkeit, an einer Psychose zu erkranken, Behandlungen abzubrechen und familiäre Stigmatisierung zu erfahren (Colizzi et al, 2020). Nach der Erstdiagnose kann eine Stigmatisierung sowohl ein geringes Wohlbefinden verstärken als auch finanzielle und soziale Belastungen wie Arbeitslosigkeit zur Folge haben (Eliasson et al, 2021).

2.5 Überprüfung der Lernziele

- Wie unterschied sich bei Adara die *Clinical High Risk* Phase von dem Beginn der psychotischen Erkrankung?
- Was waren bei Adara, und sind häufig bei Betroffenen, die Folgen einer psychotischen Erkrankung?

3 Komorbiditäten und Differenzialdiagnostik

> **Fallbeispiel**
>
> Der 19-jährige Max wurde vor zwei Tagen aus einer tagesklinischen Behandlung entlassen. Bereits im Kindergarten fiel er dadurch auf, dass er lieber für sich spielte als mit anderen Kindern, wenig Blickkontakt suchte und eine starre Mimik zeigte. Zudem fiel den Erzieher*innen auf, dass er häufig vor und zurück schaukelte. Ab dem 15. Lebensjahr begann er, Cannabis zu konsumieren. Wegen aggressiver Ausbrüche im häuslichen Umfeld war mit 16 Jahren eine Einweisung in eine psychiatrische Klinik für Kinder und Jugendliche notwendig; rückblickend berichtet er, er habe seine Mutter damals verkannt und für eine Einbrecherin gehalten. Seine Schulnoten verschlechterten sich zunehmend und er zog sich sozial immer weiter zurück, absolvierte jedoch noch sein Abitur. Kurz darauf kam es zu einem Suizidversuch, woraufhin er in eine psychiatrische Klinik eingewiesen wurde. Nach zwei Wochen stationären Aufenthalts berichtete er erstmals, dass es eine Stimme gewesen sei, die ihm befohlen habe, sich das Leben zu nehmen. Nach vier Wochen konnte er in die tagesklinische Behandlung entlassen werden, wo er weiterhin bestehende kognitive Defizite und eine gedrückte Stimmung beklagte.

> **Lernziele**
>
> - Sie können im Fallbeispiel erkennen, unter welchen Störungen Max leidet.
> - Sie wissen, welche komorbiden Störungen im Zusammenhang mit psychotischen Störungen häufig auftreten können und können Ursachen für das gemeinsame Auftreten beschreiben.
> - Sie können verschiedene psychotische Störungen unterscheiden und kennen die Abgrenzung zu Entwicklungsstörungen.

3.1 Komorbiditäten

Komorbidität bei psychotischen Störungen ist ein kritischer Faktor, der die klinische Präsentation, den Krankheitsverlauf und das Ansprechen auf die Behandlung beeinflussen kann. Untersuchungen zeigen, dass insbesondere junge Menschen mit psychotischen Störungen häufig auch andere psychische Störungen aufweisen. Bei psychotischen Störungen im Kindes- und Jugendalter ist wenig über komorbide Störungen bekannt. Im Lebensverlauf treten soziale Angststörungen laut einer Metaanalyse bei 21 % komorbid auf (McEnery et al., 2019) und auch Posttraumatische Belastungsstörungen, Aufmerksamkeitsdefizit-/Hyperaktivitätsstörung und Substanzmissbrauch oder -abhängigkeit treten in über 30 % der Fälle komorbid auf (Stentebjerg-Olesen et al., 2016).

3.1.1 Affektive Störungen

Die häufig komorbid auftretende soziale Angststörung kann zu einer besonders starken Beeinträchtigung der Betroffenen führen. Die Symptomatik überschneidet sich insofern, dass sie paranoide Gedanken, Ängste, Vermeidung und sozialen Rückzug zur Folge haben und durch die Psychose verstärkt werden kann. Die Störungsbilder können sich also im klinischen Bild überschneiden und sich gegenseitig verstärken. Da Jugendliche in Abhängigkeit vom Schweregrad der sozialen Angststörung auch häufiger und intensivere paranoide Gedanken erleben (Pisano et al, 2016) erscheint es sinnvoll, im Sinne der *hierarchical structure of paranoia* aufgrund von paranoiden Gedanken im Rahmen einer sozialen Angststörung nicht vorschnell eine psychotische Störung zu diagnostizieren (Freeman et al, 2005).

Depressive Störungen können sowohl der psychotischen Störung vorausgehen und sich somit in der Prodromalphase zeigen, komorbid zur psychotischen Symptomatik bestehen als auch in Folge der akut psychotischen Episode auftreten (Hausmann & Fleischhacker, 2002). Tritt die depressive Symptomatik erstmalig während oder in Folge der psychotischen Episode auf, spricht man in der Regel von der die Schizophrenie kennzeichnenden Negativsymptomatik. Auch gibt es qualitative Unterschiede, so wird abgestumpfter Affekt eher der Negativsymptomatik zugeordnet; gedrückte Stimmung und Hoffnungslosigkeit sind eher kennzeichnend für eine depressive Störung (Bosanac & Castle, 2012; Upthegrove, Marwaha & Birchwood, 2016). Während Schuldgefühle bei Depressionen gehäuft auftreten, entsprechen diese im Rahmen der Negativsymptomatik vor allem schuldbehaftete Beziehungsideen oder *ideas of reference* (Rahim & Rashid, 2018). Alogien (verminderter Sprachinhalt/Sprachproduktion) (Krynicki et al., 2018). Ein Drittel der Jugendlichen mit einer bipolaren Störung leidet auch unter psychotischen Symptomen (Hua et al, 2011). In diesem Fall bestehen höhere Raten an komorbiden Störungen als ohne psychotische Symptomatik; zudem zeigt sich dann häufiger ein reduziertes Funktionsniveau. Gerade bei der Frage nach komorbiden affektiven Störungen ist eine eingehende Differenzialdiagnostik sinnvoll und wichtig, weshalb im Verlauf nochmal darauf eingegangen wird.

> **Unterschiede Negativsymptomatik und depressive Störung**
>
> Negativsymptomatik tritt im Gegensatz zur depressiven Störung stets erstmalig während oder infolge einer psychotischen Episode auf und zeichnet sich durch abgestumpften Affekt, Alogien und schuldbehaftete Beziehungsideen aus.

3.1.2 Komorbide Störungen in der neurobiologischen Entwicklung

Die Aufmerksamkeitsdefizit-/Hyperaktivitätsstörung (ADHS) und psychotische Störungen zeigen eine Überlappung an Symptomen wie Konzentrationsschwierigkeiten, desorganisiertes Verhalten, Defizite der Exekutivfunktionen und reduzierte Emotionsverarbeitungskapazitäten; gemeinsame genetische, neurobiologische und umweltbedingte Faktoren bedingen beide Störungsbilder (Hamshere et al., 2013). Sowohl bei psychotischen Erkrankungen als auch bei ADHS-bedingten Abnormalitäten spielen ähnliche Neurotransmittersysteme und Hirnregionen, nämlich die dopaminergen, eine große Rolle (Mehler-Wex, Riederer & Gerlach, 2006) (▶ Kap. 5).

Verwandte ersten Grades einer Person mit ADHS haben ein zweifach erhöhtes Risiko an einer Schizophrenie zu erkranken verglichen mit gesunden Kontrollgruppen (Larsson et al, 2013). ADHS wird auch deshalb als Risikofaktor, an einer Schizophrenie zu erkranken, diskutiert (Rho et al, 2015). Eine Metaanalyse zeigte, dass eine ADHS im Kindesalter das Risiko an einer psychotischen Störung zu erkranken, fast um ein Fünffaches erhöht (Nourredine et al, 2021). Insbesondere bei Kindern mit ADHS ist eine Früherkennung psychotischer Symptomatik deshalb zu beachten. Es wird gleichzeitig bei Personen mit psychotischer Störung empfohlen, auch für ADHS zu screenen (Levy et al., 2015).

> **Unterscheidung ADHS und Psychose**
>
> Bei der hohen Überschneidung ist eine Differenzierung eher die Herausforderung: Laut DSM-5 und APA soll ADHS nicht als Diagnose vergeben werden, wenn Unaufmerksamkeit und Hyperaktivität ausschließlich in Zuge einer psychotischen Störung auftreten (American Psychiatric Association, 2013).

Eine weitere häufige komorbide Entwicklungsstörung ist die Autismus-Spektrums-Störung (ASS) (Selten et al., 2015). Eine Metaanalyse fand, dass 9,4 % von Erwachsenen mit Autismus an einer Psychose erkrankten (Varcin et al, 2022). Die Evidenzlage lässt klarere Rückschlüsse auf kindlichen Autismus sowohl als Risikofaktor für eine spätere psychotische Erkrankung als auch auf Komorbiditätsraten zu (Selten et al, 2015). Die Störungen sind nur schwer zu unterscheiden, da beide durch Wahrnehmungsstörungen, Denkstörungen, Defizite in der Sozialkompetenz, desorganisierte Sprache, verflachten Affekt und zum Teil Verhaltensstereotypien oder Katatonie gekennzeichnet sind (Starling & Dossetor, 2009). Ungewöhnliche Interessen können wahnhaft erscheinen, Sprachschwierigkeiten können einer Denkstörung ähneln; ASS-Betroffene berichten teils davon, ihre Gedanken als Stimmen wahrzunehmen, und Defizite in *der Theory of Mind* und den Exekutivfunktionen treten bei beiden Störungen auf (Ghaziuddin, 2005).

Trotz der Ähnlichkeiten sind frühkindlicher Autismus und psychotische Störungen aufgrund von Abweichungen in der Ätiologie, klinischen Präsentation und im Verlauf als unterschiedliche Störungen zu betrachten (Remschmidt & Theisen, 2011). Wie auch bei ADHS, gehen ASS häufig dem Ausbruch der ersten psychotischen Episode voraus (Raballo, Poletto & Preti, 2022). Wenn eine Person mit einer ASS Halluzinationen und wahnhafte Symptome entwickelt, die mindestens einen Monat andauern, dann soll laut ICD-11 zusätzlich die Diagnose Schizophrenie vergeben werden. Der Schlüssel zur Unterscheidung, ob die Störungen tatsächlich komorbid auftreten, liegt in einer detaillierten Anamneseerhebung: Eine Abnahme der Funktionsfähigkeit zusammen mit dem Auftreten von Halluzinationen und Wahn sind entscheidend, ob eine psychotische Störung diagnostiziert wird. Informationen sollten auch hier von verschiedenen Quellen wie Schule und Bezugspersonen erhoben werden.

> **Unterscheidung ASS und Psychose**
>
> Wenn zusätzlich zur bestehenden ASS eine Abnahme der Funktionsfähigkeit und Halluzinationen oder Wahn auftreten, sollte zusätzlich eine psychotische Störung diagnostiziert werden.

3.1.3 Traumafolgestörungen

Wie bei allen psychischen Erkrankungen berichten auch Betroffene psychotischer Störungen gehäuft von traumatischen Erfahrungen in der Kindheit: Laut einer Metaanalyse sind Personen mit Psychose mindestens doppelt so häufig von belastenden Kindheitserfahrungen betroffen wie Kontrollgruppen (Varese et al, 2012). Kindheitstraumata sind somit ein signifikanter Risikofaktor für psychotische Erkrankungen (Schäfer & Fisher, 2011). Intrusiv auftretende Erinnerungen sind aus klinischer Sicht von Halluzinationen/wahnhafter Symptomatik teilweise schwer zu unterscheiden und das Bestehen eines Subtyps von PTBS mit psychotischen Symptomen wird debattiert (Compean & Hamner, 2019). Zudem ist es sinnvoll zu unterscheiden, ob eine PTBS tatsächlich komorbid auftritt oder als Folge einer Psychose, da akute psychotische Episoden häufig als traumatisch erlebt werden und ursächlich für eine PTBS sein können (Bendall et al., 2007): Studien sprechen hier von einer Prävalenz zwischen 14 und 47% (Buswell et al., 2021). Eine Erklärung für die hohe Komorbiditätsrate kann zudem der biomolekulare Befund sein, dass beide Störungsbilder Auffälligkeiten in der DNA-Methylisierung und somit epigenetische Veränderungen aufzeigen (Løkhammer et al, 2022). Bei der hohen Überlappung an Symptomen besteht die Gefahr, sowohl eine Psychose bei einer Person mit PTBS fälschlich zu diagnostizieren als auch eine PTBS bei einer Person mit einer psychotischen Störung nicht zu erkennen. Bislang fehlt es auch an Studien, um einzuschätzen, wie hoch das Risiko bei Personen mit PTBS und psychotischen Symptomen ist, langfristig an einer psychotischen Störung zu erkranken. Hardy (2017; 2021) hat ein Modell vorgestellt, um die verschiedenen Pfade zwischen Traumatisierung und Psychosen inklusive der Implikationen für die Therapie darzulegen und berücksichtigt erstmals die Rolle von Emotionsregulation und autobiografischem Gedächtnis bei der Entstehung intrusiven Erlebens im Rahmen einer Psychose. Zweifellos sollte bei der Diagnostik und Behandlung von Psychosebetroffenen stets nach traumatischen Ereignissen gefragt und auf eine PTBS gescreent werden sowie insbesondere bei Personen mit PTBS mit psychotischen Symptomen eine differenzierte Diagnostik erfolgen.

> **Unterschiede (komplexe) PTBS und Psychose**
>
> Im Vergleich zur PTBS geht laut ICD-11 einer psychotischen Störung nicht zwangsläufig das Erleben eines bedrohlichen oder schrecklichen Ereignisses oder einer Folge solcher Ereignisse voraus. Zudem können Halluzinationen und Wahn unabhängig von tatsächlich Erlebtem auftreten und es ist für die Störung nicht kennzeichnend, dass die betroffene Person Reize, die mit einem traumatischen Ereignis verbunden sind, vermeidet.

3.1.4 Substanzmissbrauch und -abhängigkeit

Bei Psychosen und komorbidem Substanzgebrauch mag man als Erstes an eine substanzinduzierte Psychose denken. Zunächst muss jedoch klargestellt werden, ob die psychotische Symptomatik tatsächlich durch Substanzen ausgelöst wurde oder ob bei bereits bestehender psychotischer Erkrankung zusätzlich ein Substanzmissbrauch oder eine -abhängigkeit besteht. Bei bestehendem Substanzgebrauch sind neu auftretende psychotische Symptome als »substanzinduziert« zu betrachten, bis das Gegenteil nachgewiesen wird und beispielsweise die psychotische Symptomatik auch bei mehrmonatiger Abstinenz weiterhin auftritt (Rounsaville, 2007). Hier ist also besonders das Zeitkriterium zu beachten. Besteht bereits unabhängig vom Substanzgebrauch eine psychotische Störung und die betroffene Person beginnt Substanzen zu missbrauchen oder wird abhängig, dann besteht eine Komorbidität. Um dies zu bestimmen, ist eine eingehende Anamnese einhergehend mit im vergangenen Jahr konsumierten Substanzen und ggf. Laboruntersuchungen zu erheben.

Zu erwägen ist auch, ob der Substanzmissbrauch als eine Art Selbstmedikation angesichts der Symptome oder Nebenwirkungen von eingenommenen Antipsychotika auftritt; für diese Hypothese fehlt es allerdings noch an Evidenz (Manzella, Mahoney & Taylor, 2015). Der Substanzgebrauch kann die Symptome einer primären psychotischen Störung maskieren, jedoch auch verschlimmern. Umgekehrt besteht auch das Risiko, dass Personen mit substanzinduzierten Psychosen fälschlicherweise als primär psychotisch diagnostiziert werden und der Substanzkonsum unbeachtet bleibt. Allgemein ist zu beachten, dass Substanzmissbrauch mit einem früheren Beginn psychotischer Symptomatik einhergeht (Addington & Addington, 2007). Eine mögliche Erklärung ist auch hier die bereits beschriebene Selbstmedikationshypothese, die aktuelle Literatur spricht jedoch eher für andere Gründe und der Zusammenhang insbesondere zwischen Cannabiskonsum und Psychosen bleibt weiterhin unklar (Hamilton & Monaghan, 2019).

> **Unterschiede Suchterkrankung und Psychose**
>
> Zentral ist das Zeitkriterium: wenn die psychotische Symptomatik auch bei mehrmonatiger Abstinenz weiterhin auftritt oder bereits der Substanzabhängigkeit vorausging, ist sie als separate Störung zu diagnostizieren.

3.1.5 Borderline-Persönlichkeitsstörung

Im Rahmen einer Borderline-Persönlichkeitsstörung (BPS, in der ICD-11 Persönlichkeitsstörung mit Borderline-Muster) treten häufig psychotische Symptome auf und sind Anzeichen einer höheren Symptomlast und erhöhten Suizidneigung (Cavelti et al., 2021; D'Agostino et al., 2019). Sie unterscheiden sich dabei qualitativ kaum von psychotischen Symptomen im Rahmen psychotischer Störungen (Cavelti et al., 2021). Ein Anteil von 29%–50% der Betroffenen mit BPS beklagen akustische Halluzinationen, 11% visuelle Halluzinationen, 8% gustatorische Halluzinationen, 17% olfaktorische Halluzinationen, 15 % taktile Halluzinationen, 100 % Gedankeneingebung, 90 % Gedankenblockaden, 70 % Beeinflussung durch eine andere Person, 17–90 % Dissoziationen, 20 % Wahnvorstellungen und 27 % Beziehungsideen (Cavelti et al, 2021). Trotzdem wurde »Psychotizismus« als *Trait-Domain-Specifier* nicht in die ICD-11 aufgenommen, sodass psychotische Symptome im Rahmen einer Persönlichkeitsstörung nicht diagnostiziert werden und die Diagnostik einer komorbiden psychotischen Störung wahrscheinlich häufiger indiziert ist.

3.1.6 Suizidalität

Bei Personen mit erster psychotischer Episode verstarben in einer großen Stichprobe knapp 1% innerhalb von zwei Jahren durch Suizid (Robinson et al, 2009). Bei psychotisch erkrankten Kindern und Jugendlichen wurde auch ein deutlich erhöhtes Suizidrisiko im Vergleich zu gesunden Gleichaltrigen nachgewiesen (Barbeito et al, 2021). Bei Auftreten einer psychotischen Symptomatik im Kindes- und Jugendalter ist ein Screening auf Suizidalität somit stets von hoher Relevanz.

3.1.7 Subklinische psychotische Symptome

Störungsübergreifend ist festzuhalten, dass bei psychotisch Erkrankten die komorbide Störung meist vor der ersten akuten psychotischen Episode auftritt (Strakowski et al., 1995), was möglicherweise dadurch zu erklären ist, dass die erste psychotische Episode meist erst im frühen Erwachsenenalter auftritt. Zum Schluss soll noch das störungsübergreifende, komorbide Auftreten von psychoseähnlichen Symptomen erwähnt werden (Kelleher et al, 2013): In einer Studie mit 108 Jugendlichen, die aufgrund verschiedener Störungsbilder in tagesklinischer Behandlung waren, berichteten 46% von psychoseähnlichen Symptomen. Diese zeigten sich als Marker für suizidales Verhalten und allgemein als wichtiger Risikofaktor für eine schwergradige Psychopathologie, mit einer Dosis-Wirkungs-Beziehung zwischen Anzahl an psychoseähnlichen Symptomen und Anzahl diagnostizierbarer Störungen. Insgesamt scheint das Erleben psychoseähnlicher Symptome mit einem erhöhten Risiko für Multimorbidität einherzugehen und sollte im diagnostischen Prozess störungsübergreifend stets beachtet werden. Auf die Differenzierung zwischen subklinischen und klinischen psychotischen Symptomen wird im Verlauf weiter eingegangen.

3.2 Differenzialdiagnostik bei frühen Psychosen

Aufgrund symptomatischer Überschneidungen zu anderen Störungsbildern gehen im diagnostischen Prozess Fragen zur Komorbidität häufig Hand in Hand mit Fragen zur Differenzialdiagnostik. Gerade weil psychotische Symptome sowohl bei verschiedenen psychotischen wie auch nicht primär psychotischen Erkrankungen auftreten können, ist eine genaue Exploration der Symptomatik sinnvoll. Die Differenzialdiagnostik stellt gerade im Bereich der psychotischen Störungen eine Herausforderung dar: Beispielsweise ist während akuter Episoden teils kaum zwischen einer Schizophrenie und einer manischen Episode mit psychotischen Symptomen zu unterscheiden, da sich beide mit Halluzinationen und wahnhafter Symptomatik präsentieren können. Zudem ist es, wie bereits erwähnt, eine differenzialdiagnostische Herausforderung, die seltene Schizophrenie im Kindesalter von den Störungen zu unterscheiden, die auch komorbid auftreten: Autismus-Spektrum-Störungen und ADHS. Im Folgenden wird deshalb auf die differenzialdiagnostische Abklärung psychotischer Symptomatik bei affektiven und schizoaffektiven Psychosen und organischen Psychosen eingegangen, basierend auf den Vorgaben der ICD-11.

3.2.1 Affektive Psychosen (bipolare vs. schizoaffektive vs. depressive Störung)

Zunächst wird zwischen drei affektiven Störungsbildern unterschieden, bei denen psychotische Symptome auftreten (können). Die Unterscheidung zwischen einer Schizophrenie, einer depressiven oder bipolaren Störung einhergehend mit psychotischen Symptomen und einer schizoaffektiven Störung mag besonders herausfordernd sein, da diese Störungsbilder sowohl affektive als auch psychotische Symptome aufweisen können.

Abgrenzung depressive Störung mit psychotischen Symptomen:

Schizophrenie ist von einer depressiven Störung dadurch zu unterscheiden, dass die psychotische Symptomatik auch ohne die Symptome einer depressiven Störung auftreten. Wenn sowohl die Kriterien einer Schizophrenie als auch depressiven Episode erfüllt sind und beides für mindestens einen Monat auftreten, ist die schizoaffektive Störung zu vergeben.

Abgrenzung bipolare Störung mit psychotischen Symptomen:

Eine bipolare Störung kann sowohl mit einer manischen als auch depressiven Episode mit psychotischen Symptomen einhergehen. Treten Wahnphänomene oder Halluzinationen ausschließlich während einer depressiven Episode auf, soll die Diagnose Majore Depression mit psychotischen Symptomen gestellt werden (Unger, Erfurt & Sachs, 2018). Psychotische Symptome können ebenfalls in manischen oder gemischten Episoden im Rahmen einer Bipolaren Störung Typ 1 auftreten. Schizophrenie ist hier dadurch zu unterscheiden, dass die psychotische Symptomatik auch ohne die Symptome einer manischen oder gemischten Episode auftreten. Wenn sowohl die Kriterien einer Schizophrenie und bipolaren Störung Typ 1 erfüllt sind und seit mindestens einem Monat auftreten, ist hier wiederum die schizoaffektive Störung zu diagnostizieren.

Abgrenzung schizotype und wahnhafte Störung

Eine schizotype Störung ist durch ein anhaltendes Muster ungewöhnlicher Sprache, Wahrnehmung, Überzeugungen und Verhaltensweisen gekennzeichnet, die abgeschwächte Ausprägungen der Symptome der Schizophrenie darstellen. Sie wird somit aufgrund der Intensität der Symptomatik von der Schizophrenie unterschieden.

Sowohl die Schizophrenie als auch die wahnhafte Störung können durch persistierenden Wahn gekennzeichnet sein. Treten noch weitere Symptome auf, die die Kriterien einer Schizophrenie erfüllen (z.B. persistierende Halluzinationen, Denkstörung, Erleben von Fremdbeeinflussung, Passivität oder Kontrolle, desorganisiertes Verhalten oder Negativsymptomatik), so ist die Schizophrenie als Diagnose zu vergeben. Sollten die Halluzinationen allerdings inhaltlich zu dem Wahn passen und nicht persistieren (also nicht regelmäßig oder länger als einen Monat auftreten), ist stattdessen eine wahnhafte Störung zu diagnostizieren. Eine wahnhafte Störung ist im Vergleich zur Schizophrenie von einer relativ *preserved personality* gekennzeichnet. Das bedeutet, dass die Persönlichkeitsmerkmale und das allgemeine Funktionsniveau einer Person weitgehend intakt bleiben im Vergleich zur Schizophrenie. Zudem wird die Störung im Schnitt erst in einem höheren Alter diagnostiziert. Individuen, die sich mit den Symptomen einer wahnhaften Störung präsentieren, das Zeitkriterium von drei Monaten jedoch nicht erfüllen, sollten die Diagnose *other specified primary psychotic disorder* erhalten.

Abgrenzung sekundäre psychotische Störung

Sekundäre Psychosen, früher als hirnorganisches Psychosyndrom bezeichnet, beziehen sich auf psychotische Störungen, die durch eine identifizierbare körperliche Erkrankung oder Veränderung verursacht werden, insbesondere das Hirn betreffend. Verschiedene Hirnerkrankungen können psychotische Symptome auslösen, unter anderem Epilepsie, Tumore, Infektionen, Borreliose, intrazerebrale Blutungen, Enzephalitis, Autoimmunerkrankungen und einige neurodegenerative Erkrankungen wie Morbus Wilson (Keshavan & Kaneko, 2013). Auch entzündliche, neoplastische oder metabolische Entgleisungen können psychotische Symptome in seltenen Fällen auslösen. Klinisch präsentieren diese sich häufig durch Bewegungsstörungen und fortschreitende Defizite der kognitiven Fähigkeiten (Fleischhacker & Brooks, 2005). In sehr seltenen Fällen können eine Leber- und Niereninsuffizienz oder Schilddrüsenfunktionsstörungen psychotische Symptome auslösen. Für eine treffende Differentialdiagnose sind bei Verdacht eine Bildgebung, neurologische Testungen und ggf. auch Labortestungen notwendig.

3.3 Überprüfung der Lernziele

- Welche Störung(en) liegt/liegen beim Fallbeispiel Max vor?
- Welche verschiedenen psychotischen Störungen können voneinander und in Abgrenzung zu anderen Störungen diagnostiziert werden?
- Wie kann man eine affektive Störung mit psychotischen Symptomen von einer schizoaffektiven Störung unterscheiden?

4 Diagnostik

Fallbeispiel

Vince ist ein 19-jähriger junger Mann, der bei seiner alleinerziehenden Mutter wohnt. Er hat dieses Jahr sein Abitur absolviert und studiert an der Universität Kunst. Allerdings muss er sein Studium, seinen Job im örtlichen Supermarkt und seine ehrenamtliche Tätigkeit an seiner ehemaligen Schule pausieren, weil es ihm seit einigen Wochen schlechter geht. Vince mache sich Sorgen, dass andere Menschen ihm etwas antun könnten. Er fühle sich von ihnen verfolgt und sei zu 100 Prozent sicher, dass diese Leute es nur auf ihn abgesehen haben. Auch beim Einkaufen mit seiner Mutter sei er nicht sicher und die Leute würden ihn aus verschiedenen Ecken beobachten und ihm geheime Nachrichten hinterlassen. Es sei nur noch eine Frage der Zeit, dass sie ihn holen. Er mache sich viele Gedanken darüber, was er gemacht haben könnte, dass diese Leute es auf ihn abgesehen hätten. Um sich von diesen Gedanken abzulenken, macht Vince gerne Rätsel, malt und macht Hausarbeiten. Er verlasse fast nur noch mit seiner Mutter die Wohnung. Er kenne diese Gedanken und Sorgen schon seitdem er 17 ist. Es fing in der Schule an, dass er dachte, seine Mitschüler*innen würden ihn beobachten und sich über ihn lustig machen. Er hatte damals den Eindruck, dass diese ihm überall hin folgen und etwas im Schilde führen würden. Zuvor wurde er in der Mittelstufe von einigen Mitschüler*innen gemobbt und hatte nach einem Schulwechsel Schwierigkeiten, Anschluss an die Klassengemeinschaft zu finden. Er habe sich dann auch nicht mehr mit seinen Freund*innen getroffen, weil es bei ihnen nicht mehr sicher gewesen sei. Er habe sich stattdessen in sein Zimmer zurückgezogen, viel gemalt und Rätsel gelöst.

Lernziele

- Sie wissen, wie Sie bei Verdacht auf einer psychotischen Störung ein Erstgespräch und die Anamnese vorbereiten und durchführen können.
- Sie kennen wichtige diagnostische Verfahren für frühe Psychosen.
- Sie können Problemanalysen im Kontext früher Psychosen erstellen.
- Sie wissen, wie Sie Informationen und weitere wichtige Unterlagen zur diagnostischen Entscheidung nutzen können.
- Sie wissen, wie Sie die verschiedenen diagnostischen Informationen integrieren und eine passende Diagnose stellen können.

4.1 Erstgespräch und Anamnese

4.1.1 Besonderheiten des Erstgesprächs

Personen, die unter ungewöhnlichen Erfahrungen oder psychotischen Symptomen leiden und ein Erstgespräch aufsuchen, sind häufig zusätzlich mit ablehnenden und stigmatisierenden Erfahrungen konfrontiert. So wird der Begriff Schizophrenie häufig noch mit einer höheren Aggressivität, geringerer Glaubwürdigkeit und mehr Angst vor schizophrenen Personen assoziiert (Imhoff, 2016). Personen mit psychoseähnlichen oder psychotischen Symptomen haben vielleicht auch die Erfahrung gemacht, nicht so schnell oder keinen psychotherapeutischen Therapieplatz zu finden. Dies hängt mit Sicherheit von verschiedenen Faktoren ab. Die Versorgungssituation in Deutschland besteht derzeit aus vielen Institutionen mit unterschiedlichen Professionen im Bereich der psychischen Gesundheit. Die Vernetzung zwischen den einzelnen Bereichen kann jedoch nicht immer gewährleistet werden. Dies führt zu einer diskontinuierlichen Therapie von Personen, die unter psychotischen Symptomen leiden, weil beispielsweise nach der Therapie in einer Klinik keine ambulante Weiterversorgung sichergestellt werden kann (Blümel, Spranger, Achstetter, Maresso, & Busse, 2020). Die Entwicklung hin zu einer besseren Vernetzung der verschiedenen Versorgungssysteme ist natürlich sehr anspruchsvoll und bedarf viel Zeit. Aus psychotherapeutischer Sicht kann bei bestehender Indikation die aktive Zusammenarbeit mit anderen Berufsgruppen initiiert und die Patient*innen dabei unterstützt werden, den Übergang zu anderen Hilfsangeboten zu schaffen. Gleichzeitig gibt es weitere Faktoren, auf die (angehende) Psychotherapeut*innen noch direkteren Einfluss ausüben könnten. Menschen, die unter psychotischen Störungen leiden, finden auch u. a. schlechter einen Psychotherapieplatz, weil Psychotherapeut*innen manchmal den Eindruck haben, dass die Bewilligung einer Therapie schwieriger und mit mehr Aufwand verbunden sein könnte. Ein weiterer großer Faktor ist jedoch auch, dass viele Psychotherapeut*innen sich nicht gut genug ausgebildet fühlen, um mit psychotischen Menschen zusammenzuarbeiten (Kullmann et al., 2023). Dieser Eindruck ist gut nachvollziehbar, vor allem wenn berücksichtigt wird, dass die traditionelle Behandlung von Menschen mit Psychose viele Jahrzehnte von einem biologisch-medikamentösen Ansatz geprägt war. Gleichzeitig entwickeln sich klinische Leitlinien und wissenschaftliche Forschung mittlerweile zunehmend in Richtung biopsychosoziale Theorien (Garety, 2001) (weiterführende Informationen zu den verschiedenen Erklärungsansätzen und dem kognitiven Modell der Psychose ▶ Kap. 1 und ▶ Kap. 5). Das vorliegende Kapitel soll Psychotherapeut*innen dabei unterstützen, sich selbst sicherer in der Zusammenarbeit mit psychotischen Patient*innen zu fühlen.

Die Beziehungsarbeit mit Menschen, die unter psychotischen Symptomen leiden, gestaltet sich genau so wie bei anderen Patient*innen. Im Hinblick auf mögliche Erfahrungen, die die Menschen gemacht haben könnten, sollte das Augenmerk auch auf eine normalisierende und validierende Haltung gelegt werden. Normalisierend sind für Patient*innen z. B. eine gute Psychoedukation über psychotische und psychoseähnliche Erfahrungen, insbesondere das Wissen um das Kontinuumsmodell der psychoseähnlichen Erfahrungen oder das Nennen berühmter Persönlichkeiten, die eben diese Erfahrungen berichten und damit sehr offen umgehen. Vielleicht haben einige Patient*innen Hemmungen aufgrund der ablehnenden Haltung oder Misstrauen über ihre Schwierigkeiten zu sprechen. Dafür kann es hilfreich sein, sich in die Sorgen und Ängste hineinzuversetzen, diese zu antizipieren und Verständnis zu zeigen.

Im folgenden Kasten findet sich eine kleine Übung aus der Psychotherapie, um das Stimmenhören ansatzweise nachzustellen. Diese kann helfen, sich besser in die Situation von Stimmenhörer*innen zu versetzen.

> **Metapher: Busfahren (mit Partner*in)**
>
> Für diese Übung brauchen Sie mindestens eine weitere Person, die die Stimme simuliert. Stellen Sie sich vor, sie würden in einem Bus zur Arbeit sitzen, als plötzlich eine Stimme in ihrem Kopf anfängt, selbstabwertende und appellative Inhalte immer wieder an Sie zu richten. Egal, was Sie machen, ob Sie lesen, arbeiten oder einfach auf dem Handy scrollen. Die Stimme hört nicht auf. Wenn Sie noch eine weitere Kolleg*in für die Übung haben, versuchen Sie, sich mit dieser zu unterhalten, während die Stimme im Hintergrund weiter spricht.
>
> - Wie empfinden Sie das?
> - Was würde helfen?
> - Was fällt schwer?

Auch in den Medien haben psychotische Störungen immer mehr Einzug erhalten, in denen die Auswirkungen und der Leidensdruck von Personen mit psychotischen Symptomen im Fokus stehen. Eine große Bekanntheit erhielt z. B. der Film *A Beautiful Mind* aus dem Jahre 2001 mit Russell Crowe als junger John Nash. Im Bereich der Videospiele gibt es das Spiel Hellblade: Sensua's Sacrifice aus dem Jahre 2017, das sich inhaltlich mit Psychosen beschäftigt.

4.1.2 Verhaltensanalyse

Mit Hilfe von Verhaltensanalysen (SORKC-Schema, Kanfer et al., 2000) lassen sich weitere wichtige Informationen über auslösende und aufrechterhaltende Faktoren bestimmter Verhaltensweisen ermitteln. Im Folgenden wurde eine entsprechende Verhaltensanalyse für Vince aus dem obigen Fallbeispiel durchgeführt (▶ Tab. 4.1).

Das SORKC-Modell kann dabei unterstützen, auslösende und aufrechterhaltende Faktoren der Schwierigkeiten der Patient*in noch besser zu verstehen. Es hilft bei der Zusammenarbeit mit Patient*innen darüber hinaus, gemeinsam im Rahmen der Psychoedukation eine individuelle Erklärung der Erfahrungen zu erstellen.

Tab. 4.1: Beispiel des SORCK-Modells für Vince

Funktionsanalyse – Komponenten	Beispielhafte Ausprägung im Fall von Vince
S (Stimulus)	Vince' Freunde fragen ihn, ob er Lust hätte, mit ihnen bei dem schönen Wetter Basketball spielen zu gehen.
O (Organismusvariable)	Angst vor Ablehnung, wenn Freunde mehr über ungewöhnliche Gedanken wissen; Angst/Misstrauen, dass sie oder andere ihm etwas antun könnten; geringer Antrieb; niedergeschlagene Stimmung; Tendenz, Erfahrungen extern und bedrohlich zu bewerten; biopsychosoziale Vulnerabilität; Erfahrung interpersoneller Viktimisierung.
R (Reaktion)	Kognitiv: ›Meine Freunde dürfen nicht herausfinden, was ich denke‹, ›Das ist nur ein Trick, um mich in eine Falle zu locken‹, ›Ich habe sowieso keine Lust auf Basketball‹. Emotional: Angst, Traurigkeit Physiologisch: Schwitzen, erhöhter Puls, Kopfschmerzen Motorisch: zu Hause bleiben und im Haus auf und ab laufen.
K (Kontingenz)	Die Konsequenzen treten immer nach den Reaktionen auf.
C (Konsequenz)	Kurzfristig: Erleichterung, da Vermeidung der Situation, Reduktion misstrauischer/angstbesetzter Gedanken Langfristig: weiterer sozialer Rückzug, Traurigkeit, Freunde fragen womöglich nicht mehr nach weiteren Treffen, Wahn bleibt aufrechterhalten.

4.1.3 Weitere wichtige Unterlagen und Informationen

Für die Behandlung von Patient*innen mit psychotischen Symptomen ist die Einbindung der Familie und Angehöriger wichtig. Auch während der Anamnese kann eine Zusammenarbeit mit Familienangehörigen oder Bezugspersonen hilfreich sein, um weitere Informationen beispielsweise über Entwicklungsmeilensteine zu erhalten und eine gemeinsame Arbeit anzubahnen. Darüber hinaus können Schul-, Praktikums- oder Arbeitszeugnisse einen ersten Eindruck über Leistung und Verhalten in anderen Kontexten als der Familie verschaffen und eventuell auch erste Hinweise zu möglichen Reduktionen im Leistungsniveau liefern. Um auch medizinische Informationen zu den ersten Lebensjahren zu erhalten, bietet sich das gelbe Kinderuntersuchungsheft (U-Heft) an. In diesem finden sich Informationen über die frühen Entwicklungsschritte, aber auch zu möglichen Veränderungen. Wenn Patient*innen bereits Untersuchungen oder Behandlungen gemacht haben, sind natürlich auch deren Befunde und Berichte interessant.

4.2 Messinstrumente

4.2.1 Störungsübergreifende diagnostische Interviews

Insbesondere im ersten Kontakt mit Patient*innen lohnt es sich, einen ausführlichen diagnostischen Abschnitt einzuplanen. Um einen Überblick über noch andere psychische Störungen der Person, Komorbiditäten und differenzialdiagnostische Informationen zu erhalten, bietet es sich an, ein Messinstrument zu verwenden, dass möglichst viele psychische Störungen abbildet. Im klinischen Alltag hat sich hierzu beispielsweise das Strukturierte Klinische Interview für DSM-5-Störungen Klinische Version (*SCID-CV*: Beesdo-Baum, Zaudig & Wittchen, 2019) etabliert. Allerdings ist dieses erst ab einem Alter von 18 Jahren normiert. Eine mögliche Alternative für den Kinder- und Jugendbereich bietet das von Schneider, Pflug, In-Albon und Margraf (2018) entwickelte Diagnostische Interview bei psychischen Störungen des Kindes- und Jugendalters (*Kinder-DIPS*). Dieses bietet neben klinisch relevanten psychischen Störungen im Kindes- und Jugendalter auch ein kurzes Screening zu psychotischen Störungen. Eine ausführlichere Diagnostik psychotischer Störungen erlaubt der Fragebogen für affektive Störungen und Schizophrenie für Kinder im Jugendalter von sechs bis 18 Jahren für gegenwärtige (*present*) und zurückliegende (*lifetime*) Episoden psychischer Störungen (*Kiddie-SADS-PL*, Kaufmann et al., 1996). Dieses wurde auf der Grundlage des DSM-III-R und DSM-IV entwickelt.

4.2.2 Störungsspezifische Diagnostik

Die folgende Tabelle (▶ Tab. 4.2) liefert einen Überblick über gängige diagnostische Interviews und Fragebögen im Bereich der Psychose(-Früherkennung). Die meisten Fragebögen sind in deutscher Version verfügbar.

Tab. 4.2: diagnostische Interviews und Fragebögen im Bereich der Psychose (-früherkennung).

Name (Autor*innen)	Indikation	Kurzbeschreibung
Screening und diagnostische Interviews		
Community Assessment of Psychic Experiences (CAPE-42; Schlier et al. al., 2015)	transdiagnostisches Screening	Erfassung von ungewöhnlichen Erfahrungen, auch in nicht-klinischen Populationen.
Ungewöhnliche Erfahrungen Fragebogen (UE, Laurens et al. 2012)	transdiagnostisches Screening	Screeninginstrument zur ersten Erfassung von ungewöhnlichen Erfahrungen im Jugendalter.

Tab. 4.2: diagnostische Interviews und Fragebögen im Bereich der Psychose (-früherkennung). – Fortsetzung

Name (Autor*innen)	Indikation	Kurzbeschreibung
Comprehensive Assessment of At-Risk Mental States (CAARMS; Yung et al., 2005a)	Clinical High Risk erste psychotische Episode	Erfassung von Intensität, Häufigkeit, Dauer und Aktualität von subklinischen psychotischen Symptomen. Beinhaltet auch negative, dissoziative und Basis-Symptome.
Structured Interview of Psychosis-risk syndromes (SIPS; Miller et al., 2003)	Clinical High Risk erste psychotische Episode	Erfassung von Präsenz und Schweregrad verschiedener Symptome in den Bereichen positiver, negativer, desorganisierter und allgemeiner Symptome.
Schizophrenia Proneness Instrument child and youth version (SPI-CY; Schultze-Lutter et al, 2011)	Clinical High Risk	Erfasst die Subskalen Adynamie, Wahrnehmungsstörung, Neurotizismus und Denk- und Bewegungsstörungen.
Early Recognition Inventory (ERIraos; Maurer et al., 2006)	Clinical High Risk	Ein zweistufiges Diagnostikinstrument mit einer kurzen Screening-Checkliste und einer ausführlicheren Symptomliste.
Prodromal Questionnaire – Brief (PQ-B; Loewy et al., 2011)	Clinical High Risk	Einsatz in der Prodromalphase und häufig im klinischen Kontext (*help-seeking population*).
symptomspezifische Messinstrumente		
Beliefs About Voices Questionnaire – Revised (Gmeiner et al., 2018)	erste psychotische Episode Psychose	Erfragt Überzeugungen, emotionale und Verhaltensreaktionen über verbale akustische Halluzinationen.
Brief Negative Symptom Scale (BNSS; Bischof et al., 2016)	erste psychotische Episode Psychose	Sehr kurzes Instrument, 13 Items zur Messung von Affektverflachung, Alogie, sozialer Rückzug, Anhedonie und Avolition.
Psychotic Symptom Rating Scales (PSYRATS; Haddock et al., 1999)	erste psychotische Episode Psychose	Zeitökonomisches Interview zur Erfassung verschiedener Dimensionen von Halluzination und Wahn.
Scale for the Assessment of Positive/Negative Symptoms (SAPS/SANS; Andreasen, 1986)	erste psychotische Episode Psychose	Erfassung beider Symptomgruppen im Rahmen einer psychotischen Störung. Nutzung zur Messung von Veränderungen im Störungsverlauf.
Positive and Negative Syndrome Scale (PANSS; Kay et al., 1987)	erste psychotische Episode	Interview setzt sich aus den Subskalen zu positiven und negativen Symptomen sowie einer globalen Psychopathologie-Subskala zusammen.

4.2.3 Weitere relevante Faktoren

Je nach Schwierigkeiten der Person können weitere Selbstbeurteilungsfragebögen verwendet werden. So schlagen Lincoln und Heibach (2017) die Erhebung von Selbstwert, sozialer Unterstützung und Emotionsregulation vor. Als verkürzte neuropsychologische Testbatterie (ca. 60 Minuten) schlagen die Autorinnen folgende Komponenten vor:

- Abschätzung des Intelligenzniveaus: Allgemeines Wissen und Mosaiktest aus dem Wechsler-Intelligenztest für Erwachsene, (*WIE*)
- Verarbeitungsgeschwindigkeit: Zahlen-Symboltest aus dem *WIE*
- Arbeitsgedächtnis: Zahlennachsprechen vorwärts/rückwärts aus dem Wechsler Gedächtnistest *(WMS-R)*
- Verbales Lernen/Gedächtnis: Logisches Gedächtnis I und II aus der *WMS-R*

4.3 Überprüfung der Lernziele

- Welche Informationen würden Sie beim Fallbeispiel Vince noch im Rahmen des Erstgesprächs und der Anamnese erfragen wollen?
- Welche störungsspezifische Diagnostik würde sich für das Fallbeispiel Vince eignen?
- Für welche Diagnose erfüllt Vince die Kriterien?

5 Erklärungsmodelle früher Psychosen

> **Fallbeispiel**
>
> Nadia ist eine 21 Jahre alte Frau mit der Diagnose paranoide Schizophrenie. Die psychischen Probleme begannen im Alter von 15 Jahren, nachdem sie Mobbing und sexuellen Missbrauch erlebt hatte. Erst mit 19 Jahren kam sie in ambulante Behandlung, nachdem sie zweimal wegen psychotischer Episoden und schwerer Selbstverletzungen eingewiesen worden war. Derzeit lebe sie allein, habe wenig Kontakte und fühle sich ständig unsicher. Sie verlasse das Haus nur, um mit ihrem Hund spazieren zu gehen und ihren Psychologen aufzusuchen. So erlebe sie die Welt: ›*Ich mache mir jeden Tag Sorgen über andere Menschen … ob sie mir etwas antun oder mich anschreien werden. Alleine zu sein, ist manchmal beängstigend. Manchmal sitze ich in der Wohnung und gehe nicht raus. [Wenn ich ausgehe] kann ich nirgendwo herumhängen, ich muss rein und wieder zurück. Ich glaube, die Leute schauen mich die ganze Zeit an und verurteilen mich, weil ich eine Krankheit habe*‹.

> **Lernziele**
>
> - Sie kennen grundlegende Annahmen des neurobiologischen und des Vulnerabilitäts-Stress-Modells der frühen Psychosen.
> - Sie können Entstehungs- und Aufrechterhaltungsmechanismen der Positivsymptomatik nach dem kognitiven Modell der Psychose benennen.
> - Sie können erklären, was eine Paranoia (Verfolgungswahn) ist und welche Rolle voreilige Schlussfolgerungen bei der Entstehung von Verfolgungswahn häufig spielen.
> - Sie wissen, welche Rolle die Bewertung (Bedeutungsfindungsprozesse) von psychoseähnlichen Symptomen für das Fortbestehen einer Psychose spielt.

5.1 Neurochemisches Modell

Die Evidenzlage zur Neurobiologie der Schizophrenie beruht weitgehend auf der Erforschung der Wirkungen von Psychopharmaka, die psychotische Symptome und die damit verbundenen Wahrnehmungen und kognitiven Erfahrungen im Zusammenhang mit der Psychose (und insbesondere der Schizophrenie) modulieren. Die vermuteten Wirkmechanismen solcher Medikamente haben zur Entwicklung neurochemischer Erklärungsmodelle der Psychose geführt, die auf der möglichen Störung oder Verstärkung dieser pharmakologischen Mechanismen beruhen. Psychotische Störungen wurden anhand einer breiten Palette von pharmakologischen Modellen untersucht, die verschiedene Neurotransmittersysteme wie Dopamin, Glutamat, Gamma-Aminobuttersäure (GABA), Cannabinoide, Serotonin, Cholinergika und Kappa-Opioide einbeziehen (für ein Review siehe Steeds et al., 2015). Derzeit gibt es hauptsächlich zwei erwähnenswerte Modelle, die die Forschung zu den biologischen Grundlagen der Psychose leiten: die *Dopaminhypothese* und die *glutamaterge Hypothese*.

Die *Dopaminhypothese* der Schizophrenie geht davon aus, dass die psychotischen Symptome auf eine Hyperaktivität des mesolimbischen dopaminergen Systems zurückzuführen sind, das Dopamin unabhängig von Hinweis und Kontext feuert und freisetzt, wodurch Erfahrungen von abweichender Neuheit und Bedeutung entstehen (Kapur et al., 2005), wie z. B. auditive Halluzinationen. Das ursprüngliche Konzept geht auf die Behandlungseffekte von Antipsychotika (Dopaminantagonisten) auf positive psychotische Symptome zurück. Mit der Entdeckung, dass die klinische Wirksamkeit von Antipsychotika mit ihrer Fähigkeit zusammenhängt, Dopamin-D2-Rezeptoren zu blockieren (siehe z. B. Creese et al., 1976), ging die klassische Dopaminhypothese davon aus, dass die Störung in erster Linie auf eine erhöhte Dopaminverfügbarkeit oder eine hyperaktive Dopaminübertragung zurückzuführen ist (Creese et al., 1976). Spätere Forschungsarbeiten (einschließlich Studien zur molekularen Bildgebung) stützten die präsynaptische Dopamin-Dysregulation als Hauptursache der Dopamin-Dysfunktion bei Schizophrenie. Darüber hinaus scheint die präsynaptische Dopamin-Dysfunktion mit einer Verschlimmerung der Erkrankung und dem allgemeinen Schweregrad der psychotischen Symptome einherzugehen (Howes et al., 2011).

Aktuellere Forschungsergebnisse stellen die Hinweise auf präsynaptische Dopaminstörungen in den breiteren Kontext der neurologischen Entwicklung. So sensibilisiert beispielsweise die Wirkung bekannter entwicklungsbedingter Risikofaktoren für Psychosen wie neonatale Störungen (z. B. Hypoxie), soziale Isolation und Stress das Dopaminsystem sowohl bei Tieren als auch bei Menschen (Howes & Murray, 2014). Solche Störfaktoren in der Entwicklung führen zu nachhaltigen Veränderungen im Dopaminsystem, die sich in einer Zunahme der Dopaminsynthesekapazität als Reaktion auf physischen und psychosozialen Stress äußern. Dieses Muster der Dopaminveränderung wurde als Dopaminsensibilisierung bezeichnet, bei der die chemische Reaktion durch wiederholte Exposition gegenüber Stressoren im Laufe der Zeit verstärkt wird. Die aktuelle Dopaminhypothese liefert jedoch keine klare Erklärung für die negativen und kognitiven Symptome oder den pathophysiologischen Mechanismus für ca. ein Drittel der Patient*innen, die nicht auf dopaminerge Antipsychotika ansprechen.

Ähnlich wie die Dopaminhypothese wurde auch die *Glutamat-Hypothese* bei Psychosen durch eine Reihe pharmakologischer Studien bekannt, die die unmittelbaren Wahrnehmungs- und Verhaltenseffekte von Psychopharmaka mit Auswirkungen auf die glutamaterge Neurotransmission aufzeigten. Die vorherrschende Glutamat-Hypothese geht von einer Unterfunktion der Glutamatrezeptoren vom Typ N-Methyl-D-Aspartat (NMDA) aus, die zu nachgeschalteten Veränderungen der glutamatergen Aktivität führen, die das Gleichgewicht zwischen Erregung und Hemmung der kortikalen Neurotransmission verändern (siehe z. B. Howes et al., 2015). Pharmakologische Infusionsstudien haben gezeigt, dass die Gabe subanästhetischer NMDA-Rezeptor-Antagonisten (wie z. B. Ketamin) ein psychoseähnliches Muster kognitiver Defizite auslöst, mit Bereichen defizitärer als auch erhaltener Funktionalität (Krystal et al., 1994). Angesichts der zentralen Bedeutung kognitiver Beeinträchtigungen bei der Schizophrenie waren diese Arbeiten besonders einflussreich für die Identifikation und Erprobung potenzieller Zielstrukturen des Glutamatsystems für die Behandlung. Ergebnisse von Tier- und Humanstudien zur Bildgebung haben auch gezeigt, dass NMDA-Rezeptorantagonisten die präsynaptische Glutamataktivität an einigen nicht-NMDA-Rezeptoren im präfrontalen Kortex erhöhen. Eine Erklärung für diese Aktivitätssteigerung könnten die nachgeschalteten Effekte von NMDA-Rezeptor-Antagonisten auf hemmende GABA-Neuronen sein (Homayoun & Moghaddam, 2007). In bestimmten Bereichen des Gehirns, wo die Aktivität von Nervenzellen durch GABA stabilisiert wird, können NMDA-Rezeptor-Antagonisten die Wirkung von GABA verringern. Dies führt zu einer Enthemmung und Destabilisierung wichtiger Netzwerke im Gehirn, die für kognitive Funktionen wie das Arbeitsgedächtnis wichtig sind (Homayoun & Moghaddam, 2007). Der unkonzentrierte, nicht zielgerichtete Anstieg der neuronalen Aktivität, der bei Menschen mit Psychosen beobachtet wird, kann ein erhöhtes internes neuronales »Rauschen« widerspiegeln, das ein bestimmtes Wahrnehmungs- oder Gedächtnissignal verzerrt und eine effiziente Informationsverarbeitung beeinträchtigt (Krystal et al., 2017; Murray et al., 2014). Eine solche kortikale Destabilisierung aufgrund einer abnormalen glutamatergen und GABAergen Übertragung wurde auch allgemeiner als kortikales exzitatorisches/hemmendes (E/I) Ungleichgewicht beschrieben (siehe z. B. Insel, 2010). Das E/I-Ungleichgewicht ist nicht nur ein potenzieller Mechanismus für die kognitiven Defizite im Zusammenhang mit Psychosen (insbesondere bei schwerer Schizophrenie), sondern soll auch positiven Symptomen wie Halluzinationen und Wahnvorstellungen zugrunde liegen (Jardri et al., 2016). Obwohl die glutaminerge Hypothese eine bessere Erklärung der kognitiven Aspekte der Psychose zu bieten scheint, bleibt unklar, ob sie zu bedeutenden Fortschritten in der Psychopharmakologie führen wird.

Ein kombinierter neurochemischer Ansatz

Angesichts der weiten Verbreitung von NDMA-Rezeptoren im gesamten Gehirn impliziert die Hypothese der NMDA-Rezeptor-Hypofunktion eine globalere kortikale und subkortikale Störung als das dopaminerge Modell, das auf eine primäre Störung in einer selektiven Gruppe von Hirnregionen hinweist. Die bekannteste vollständige biologische Erklärung der psychotischen Symptomatik könnte sich daher aus einer Kombination oder Integration der Modelle der

NMDA-Hypofunktion und der präsynaptischen DA-Dysfunktion ergeben (Howes et al., 2015). Parallel dazu liefert ein wachsender Bestand an symptomorientierten neurochemischen und neuroanatomischen Forschungsstudien aktuelle Belege für spezifischere potenzielle biologische Mechanismen, die Wahnvorstellungen und Halluzinationen zugrunde liegen (siehe z. B. Hardy, 2017; Romeo & Spironelli, 2022).

5.2 Vulnerabilitäts-Stress-Modell

Dieses Modell ist wahrscheinlich eines der am weitesten verbreiteten Modelle zur Erklärung und zum Verständnis der Ätiologie von psychotischen Spektrumstörungen. Seine weite Verbreitung ist darauf zurückzuführen, dass es in der Lage ist, die komplexen Wechselwirkungen zwischen genetischen und umweltbedingten Faktoren zu berücksichtigen. Kurz gesagt bezieht sich das Konzept der Vulnerabilität auf bestimmte biologische Merkmale, die möglicherweise (aber nicht unbedingt) genetisch bedingt sind und eine gewisse Prädisposition für eine psychische Störung mit sich bringen. Im weitesten Sinne verweist die Vulnerabilität auf eine notwendige (aber nicht hinreichende), stabile (aber nicht dauerhafte), endogene (nicht externe), im Allgemeinen nicht beobachtbare Vorbedingung für die Entwicklung der Störung (Fonseca-Pedrero & Lemos-Giráldez, 2019).

Theoretisch kann die Anfälligkeit für Psychosen durch verschiedene psychosoziale Faktoren, Lernerfahrungen oder neurochemische Substanzen (z. B. Medikamente) abgeschwächt, verringert oder erhöht werden. Die Anfälligkeit ist kein Garant für die Entwicklung der Störung, wenn die richtigen Umstände nicht gegeben sind. Paul Meehl, ein amerikanischer klinischer Psychologe, führte in den 1960er Jahren den Begriff der ›Schizotaxie‹ ein: Personen, die ein ›schizotaktisches‹ Nervensystem geerbt haben, weisen neurointegrative Schwierigkeiten auf, die dazu führen, dass sie unter kognitiven Störungen und Anhedonie leiden, aber diese Merkmale allein führen nicht zur Schizophrenie. Es wäre die Exposition gegenüber bestimmten Umweltstressoren, die diese Personen dekompensieren lassen würde, die dann »schizophren« würden (während diejenigen, die nicht exponiert sind, schizotype Persönlichkeitsmerkmale aufweisen). Meehls Vorschlag wird oft als Vorläufertheorie des Vulnerabilitäts-Stress-Modells betrachtet.

Spätere Erkenntnisse aus der Untersuchung der Auswirkungen von stressigen Beziehungen oder kritischen und/oder überfürsorglichen Verwandten (und die daher einen hohen Grad an *expressed emotion* aufweisen, Leff & Vaughn, 1980) haben die Entwicklung und Anwendung des Vulnerabilitäts-Stress-Modells im klinischen Bereich weiter unterstützt. Das bis heute vielleicht einflussreichste Vulnerabilitäts-Stress-Modell der Psychose ist das von der Arbeitsgruppe von K. Nuechterlein an der UCLA (Vereinigte Staaten). Diesem Modell zufolge wird die

Wahrscheinlichkeit, dass jemand psychotische Symptome entwickelt, durch das Zusammenspiel von vier Faktoren bestimmt:

1. persönliche Vulnerabilitätsfaktoren (z. B. ein abnorm funktionierendes Dopaminsystem oder Defizite bei der Informationsverarbeitung);
2. persönliche Schutzfaktoren (z. B. Bewältigungsstrategien);
3. umweltbedingte Auslöser (z. B. belastende Lebensereignisse);
4. umweltbedingte Schutzfaktoren (z. B. gute familiäre Bewältigungsstrategien) (Nuechterlein & Dawson, 1984).

Spätere Vorschläge für das Vulnerabilitäts-Stress-Modell konzentrierten sich auf die neurobiologischen Prozesse, die für die Stressregulation verantwortlich sind: Sie heben die Rolle der Hypothalamus-Hypophysen-Nebennierenrinden-Achse (HPA) bei der Auslösung und Verschlimmerung psychotischer Symptome hervor (Walker & Diforio, 1997), indem die dopaminerge Übertragung hyperaktiviert wird (für eine aktualisierte Übersicht des Vulnerabilitäts-Stress-Modells siehe Pruessner et al., 2017).

Das Modell bot die Möglichkeit, den Schwerpunkt auf psychosoziale Interventionen zu legen. Eine offensichtliche therapeutische Strategie für Psychosen war die Beeinflussung von auslösenden Umweltfaktoren, wie z. B. familiäre Interventionen, die darauf abzielen, das Ausmaß der *expressed emotion* bei nahen Verwandten von Menschen mit Psychosen zu reduzieren. Eine weitere Strategie war das Aufkommen von Maßnahmen, die sich auf die Verbesserung der Bewältigungsfähigkeiten der Patient*innen konzentrieren (z. B. Training sozialer Fähigkeiten). Aus klinischer Sicht blieb das Modell jedoch unzureichend, um psychologisch positive Symptome (z. B. Distress, Inhalt, persönliche Relevanz usw.) zu behandeln und die Mechanismen ihrer Persistenz anzugehen.

5.3 Kognitives Modell der Psychose

Einer der Gründe für die Verzögerung bei der Entwicklung psychologischer Erklärungen für Psychosen war die medizinisch geprägte Konzeptualisierung psychotischer Symptome und die allgemeine Auffassung, dass diese Symptome starr und wenig veränderbar sind. Nachdem jedoch in den 1970er Jahren die ersten manualisierten kognitiven Verhaltenstherapieansätze für Angst und Depression aufkamen, bildeten sich Anhaltspunkte dafür, dass Psychosen keine dauerhafte medizinische Störung sind, sondern ein Erleben, das sich auf einem Kontinuum normaler Erfahrung befindet und veränderbar ist.

Kognitive Ansätze zur Psychose betonen die Rolle kognitiver, sozialer und emotionaler Prozesse beim Auftreten und Fortbestehen psychotischer Symptome. Nach diesen Modellen spielt die Interpretation und Bedeutung, die Ereignissen und Erfahrungen gegeben wird (d. h. Bewertungen), eine entscheidende Rolle beim

Übergang von anomalen Gedanken und Erfahrungen zu psychotischen Symptomen (Chadwick & Birchwood, 1994; Garety et al., 2001). So ist es unwahrscheinlich, dass Personen, die psychotische Erfahrungen machen, die als positiv und hilfreich bewertet werden, eine Behandlung in Anspruch nehmen und sogar eine klinisch schwere Störung entwickeln. Nach dieser Auffassung befindet sich die Psychose auf einem Kontinuum mit »normalen« Erfahrungen in der Allgemeinbevölkerung (▶ Kap. 1.5.1, ▶ Kap. 2).

Eines der bekanntesten kognitiven Modelle für Psychosen ist das von Garety und Kolleg*innen (2001). In diesem Modell werden zwei Wege zur Entwicklung von Positivsymptomen bei Schizophrenie vorgeschlagen, nämlich einer, bei dem kognitive und affektive Störungen kombiniert werden, und der andere, bei dem nur affektive Störungen auftreten (Garety et al., 2007) (▶ Abb. 5.1). Die Autor*innen argumentieren, dass es bei Personen, die für psychotische Erfahrungen anfällig sind (biopsychosoziale Anfälligkeit), häufig ein auslösendes Ereignis gibt, das zu Verzerrungen kognitiver Prozesse führt. Diese können von dem Gefühl, dass etwas Unerklärliches vor sich geht, in den frühen Phasen der Psychose (z. B. wahnhaftes Denken) bis hin zur Entfremdung und Externalisierung von selbst erzeugten Handlungen und Gedanken in der voll ausgeprägten Psychose (z. B. Gedankeneinschub) reichen. Solche Erfahrungen sind sehr auffällig und manchmal sehr belastend und führen zu einem hohen Maß an emotionaler Erregung. Das Individuum beginnt daher wahrscheinlich eine Sinnsuche, um Erklärungen (und damit mögliche Lösungen) für solche Erfahrungen zu finden, die anfällig für bewusste und unbewusste kognitive Verzerrungen sind. Die Tendenz, psychotische Erfahrungen als extern, bedrohlich/paranoid und negativ zu bewerten, ebnet häufig den Weg für die Persistenz der Psychose und kann auch mit der entsprechenden Neurobiologie der Bedrohungsverarbeitung zusammenhängen (Underwood et al., 2015), während Personen, die nicht durch ihre psychotischen Erfahrungen belastet sind, positivere, weniger feindselige Bewertungen vornehmen. Neuere Forschungen haben ergeben, dass die Art und Weise, wie eine Person psychotische Erfahrungen bewertet, bei Menschen mit und ohne Unterstützungsbedarf unterschiedlich ist (Peters et al., 2017).

Es wurde festgestellt, dass traumatische Ereignisse und insbesondere interpersonelle Viktimisierung in der Kindheit eine kausale Rolle für das Auftreten von Psychosen spielen und die Phänomenologie psychotischer Erfahrungen prägen (Bailey et al., 2018; Hardy, 2017), wobei der Inhalt und die Bewertungen psychotischer Erfahrungen vergangene Ereignisse widerspiegeln (Peach et al., 2021; van den Berg et al., 2023). Studien zu jungen Menschen, die das Angebot von Früherkennung und Frühintervention (*Early Intervention Services*, Eis) in Anspruch nehmen, haben gezeigt, dass über 65 % dieser Personen über irgendeine Form von Missbrauch oder Vernachlässigung berichten (Bendall et al., 2012). Neuere Forschungen haben auch darauf hingewiesen, dass der Zusammenhang zwischen dem Risiko, eine Psychose zu entwickeln, und einem Kindheitstrauma durch Emotionsregulation mediiert zu sein scheint (Lincoln et al., 2017). Es wurde daher auch argumentiert, dass Emotionen eine direkte Auswirkung auf die Entstehung und Aufrechterhaltung von Wahnvorstellungen und Halluzinationen haben, ohne eine primäre kognitive Untermauerung (Freeman & Garety, 2014). Längsschnittuntersuchungen haben beispielsweise gezeigt, dass das Ausgangsniveau an Angst und Depressivität das Fortbestehen von Paranoia zwei Jahre später vorhersagt, während Wahnvorstellungen im Ausgangsniveau keinen späteren negativen Affekt vorhersagen (Fowler et al., 2012). Diese Ergebnisse deuten darauf hin, dass negativer Affekt nicht einfach eine Folge paranoiden Denkens ist, sondern eine direkte, kausale Rolle bei der Erfahrung dieses Symptoms spielt (Hartley et al., 2013).

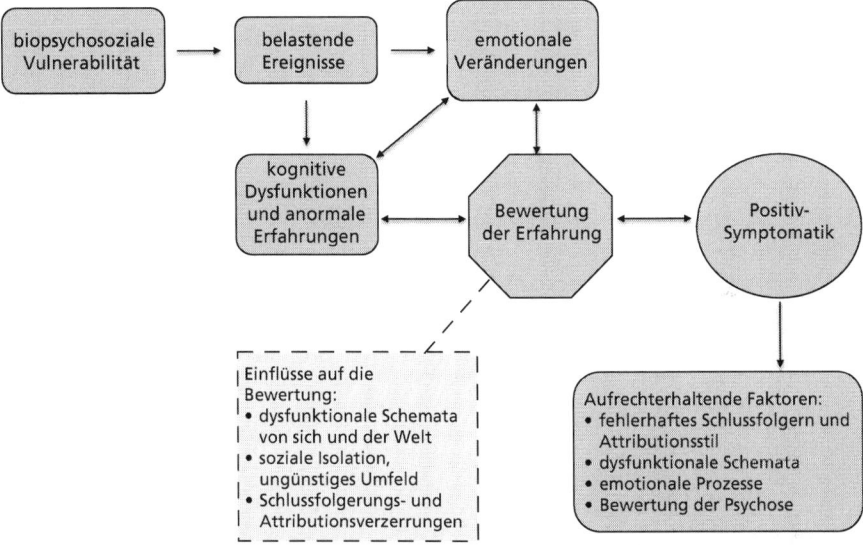

Abb. 5.1: Kognitives Modell Psychosen (Garety, P., Bebbington, P., Fowler, D., Freeman, D., & Kuipers, E. (2007). Implications for neurobiological research of cognitive models of psychosis: a theoretical paper. *Psychological Medicine*, *37*(10), 1377–1391. © Cambridge University Press, mit Genehmigung reproduziert.)

Obwohl die meisten Belege für das kognitive Modell auf Studien mit erwachsenen klinischen Populationen beruhen, gibt es auch Belege aus Studien mit Kindern und Jugendlichen, die über psychoseähnliche Symptome berichten und psychologische Hilfe suchen: negative Lebensereignisse (Kelleher et al., 2013), Affekt (Lancefield et al., 2016), schematische Überzeugungen (Anilmis et al., 2015; Gin et al., 2021) und kognitive Verzerrungen (Ames et al., 2014; Hassanali et al., 2015) wurden als psychosoziale Faktoren genannt, die zum Auftreten von psychoseähnlichen Symptomen in dieser Altersgruppe beitragen. Dies deckt sich mit der aktuellen Evidenzbasis für Erwachsene, was darauf hindeutet, dass die Modelle für Psychosen bei Erwachsenen auch für diese jugendliche Population geeignet sind.

Kognitive Faktoren als Behandlungsziele

Aus der Sicht des kognitiven Modells wird die Psychose also ähnlich wie andere psychologische Probleme als eine Frage des Denkens und Fühlens betrachtet, und – was wichtig ist – es werden zugrunde liegende kausale Mechanismen identifiziert, die in der Therapie angegangen werden können. Weitere Hinweise auf die Entwicklung von Psychosen deuten darauf hin, dass Menschen, die in der Kindheit einem Trauma ausgesetzt waren, durch eine erhöhte Stressempfindlichkeit empfindlicher auf spätere Widrigkeiten reagieren (Morgan et al., 2014). Es wurde festgestellt, dass insbesondere kognitive Verzerrungen, wie z. B. die Verzerrung durch voreiliges Schlussfolgern (*jumping to conclusions*, JTC, reduzierte Datenerfassung), das Auftreten und die Schwere psychoseähnlicher Symptome bei Kindern und Jugendlichen vorhersagen. Beide Mechanismen (kognitive Verzerrungen und soziale Widrigkeiten) könnten ein vielversprechender Schwerpunkt für eine frühe psychotherapeutische Intervention sein (Gin et al., 2021).

5.3.1 Kognitives Modell der Paranoia

Mehr als 70 % der Patient*innen, die sich mit erstmaliger Psychose vorstellen, haben einen Verfolgungswahn (Freeman et al., 2005); etwa die Hälfte der Patient*innen mit diesen Wahnvorstellungen weist ein Maß an psychologischem Wohlbefinden auf, das zu den niedrigsten 2 % der Allgemeinbevölkerung zählt (Freeman et al., 2014); und die Einweisung in eine psychiatrische Klinik ist eine häufige Folge. Wenn Menschen glauben, dass sie sich in unmittelbarer Gefahr befinden, wird das Zusammensein mit anderen Menschen extrem schwierig. Daher können diese Wahnvorstellungen zu sozialem Rückzug, einer Verschlimmerung des emotionalen Stresses und einer deutlich geringeren Lebensqualität führen. Im Zentrum des Wahns steht die Überzeugung, dass andere Menschen Schaden anrichten werden.

Im Gegensatz zu Bedrohungsüberzeugungen bei Problemen wie sozialer Angst, wo die Angst z. B. darin besteht, von anderen abgelehnt zu werden, weil man dumm dasteht, oder bei einer Panikstörung, wo die Angst z. B. darin besteht, einen Herzinfarkt zu erleiden, besteht beim Verfolgungswahn die Überzeugung, dass andere absichtlich Schaden anrichten wollen. Wenn das Bedrohungssystem aktiviert wurde, sind angstbezogene Prozesse der Bedrohungserwartung aktiv, während negative Bilder der Bedrohung (z. B. auf der Straße erstochen zu werden) die Überzeugung ebenfalls verstärken können (Schulze et al., 2013).

Obwohl die spezifische Identifizierung von Genen für Paranoia noch nicht geklärt ist (Sieradzka et al., 2014), hat eine große Studie mit fünftausend jugendlichen Zwillingspaaren gezeigt, dass der relative Beitrag von genetischem und umweltbedingtem Risiko selbst am extremen Ende des Paranoia-Scores gleichwertig war (Zavos et al., 2014). Der Beitrag von Umweltereignissen, wie z. B. Widrigkeiten in der frühen Kindheit, ist jedoch eindeutig (Varese et al., 2012), mit dem Vorbehalt, dass auch ein gewisses Maß an gemeinsamer genetischer Veranlagung zwischen bestimmten Lebensereignissen und Verfolgungsüberzeugungen bestehen kann (Gen-Umwelt-Korrelation) (Shakoor et al., 2015). Paranoia wurde auch mit vielen anderen Umweltfaktoren in Verbindung gebracht, darunter Armut, schlechte körperliche Gesundheit, weniger wahrgenommene soziale Unterstützung, Stress, geringer sozialer Zusammenhalt, Cannabiskonsum und problematischer Alkoholkonsum (Freeman & Loe, 2023).

Im Mittelpunkt des Verständnisses von Paranoia steht, dass solche Gedanken der Versuch des Einzelnen sind, sein Erleben zu erklären, d. h. den Ereignissen einen Sinn zu geben (Maher, 1988). Die Erfahrungen, die die Quelle für Beweise für Verfolgungswahn sind, sind externe Ereignisse und interne Gefühle. Zweideutige soziale Informationen sind ein besonders wichtiger externer Faktor. Solche Informationen können sowohl nonverbal (z. B. Gesichtsausdruck, Blicke, Handgesten, Lachen/Lächeln) als auch verbal (z. B. Gesprächsfetzen, Rufe) sein. Zufälle und negative oder irritierende Ereignisse spielen bei Verfolgungsgedanken ebenfalls eine Rolle.

Psychoseähnliche Erfahrungen

Ungewöhnliche oder anomale innere Empfindungen führen häufig zu wahnhaften Vorstellungen, insbesondere in frühen Stadien der Psychose. Betroffene befinden sich beispielsweise in einem erregten Zustand; sie haben das Gefühl, dass bestimmte Ereignisse von Bedeutung sind; sie erleben Wahrnehmungsanomalien (z. B. können Dinge lebendig oder hell erscheinen, Geräusche können sich sehr aufdringlich anfühlen); sie haben das Gefühl, nicht wirklich »da« zu sein (Depersonalisation); und sie können Halluzinationen haben (z. B. Stimmen hören). Erfahrungen dieser Art können auch durch den Konsum illegaler Drogen oder Schlafentzug verursacht werden (Waters et al., 2018). Typischerweise versuchen Personen, die paranoid denken, ihren inneren ungewöhnlichen Erfahrungen einen Sinn zu geben, indem sie oft negative, abweichende oder mehrdeutige externe Informationen (z. B. die Mimik anderer) heranziehen. Der »Ursprung« der Interpretation der eigenen Erfahrungen beruht auf internen und externen Ereignissen in Übereinstimmung mit früheren Erfahrungen, Wissen, emotionalem Zustand, Erinnerungen, Persönlichkeit und Entscheidungsprozessen; daher liegt der Ursprung von Verfolgungserklärungen in solchen psychologischen Prozessen.

Affektive Prozesse

Intrusive Gedanken treten häufig im Zusammenhang mit emotionaler Belastung auf. Ihnen gehen oft belastende Ereignisse wie schwierige zwischenmenschliche Beziehungen, Mobbing und Isolation voraus. Die Belastungen können vor dem Hintergrund früherer Erfahrungen auftreten, die zu Überzeugungen über sich selbst (z. B. als verletzlich), andere (z. B. als potenziell gefährlich) und die Welt (z. B. als schlecht) geführt haben, die intrusive Gedanken wahrscheinlicher machen (Smith et al., 2006).

Wie bereits erwähnt, kann Angst bei der Entstehung von Verfolgungsgedanken besonders wichtig sein. Dies liegt daran, dass Angst und Misstrauen das gleiche kognitive Thema der Antizipation von Gefahr haben. Es wird angenommen, dass Angst bei der Interpretation interner und externer Ereignisse eine zentrale Rolle spielt und das Bedrohungsthema der Paranoia darstellt. Typisch für paranoides

Denken ist daher, dass eine Person, die ungewöhnliche Erfahrungen macht, die sie nur schwer identifizieren und richtig einordnen kann, diese entsprechend ihrem emotionalen Zustand interpretiert. Ängstliche Gedanken sind dann Verfolgungsgedanken, wenn sie die Vorstellung enthalten, dass die*der Täter*in tatsächlich Schaden beabsichtigt. Mangelndes Vertrauen in Andere, mangelnde Bereitschaft, über Gefühle zu sprechen, oder soziale Isolation, wie sie bei hilfesuchenden Jugendlichen häufig bestehen, führen dazu, dass die Gefühle der Bedrohung nicht mit Anderen geteilt werden, sondern allein darüber gegrübelt wird, was eine Widerlegung ihres verfolgenden Charakters verhindert.

Depressive Prozesse wurden auch mit der Entstehung und Aufrechterhaltung paranoiden Verfolgungswahns in Verbindung gebracht. Paranoia beruht auf Gefühlen von Verletzlichkeit. Dazu gehören nicht nur Ängste vor Ablehnung (Gilbert et al., 2005), sondern auch negative Selbstüberzeugungen (Lincoln, et al., 2010a), die zu einem Gefühl der Unterlegenheit führen. Negative Bilder oder Erinnerungen und ein allgemeines Gefühl, weniger Kontrolle über die Ereignisse zu haben (Schulze et al., 2013), können das Gefühl der Vulnerabilität noch verstärken. Positive Überzeugungen können schwach sein und dem Gefühl der Vulnerabilität nicht entgegenwirken. Wichtig ist, dass die Ängste vor Schaden durch ruminative Sorgenprozesse verstärkt und gefestigt werden (Freeman et al., 2012).

Depressionen und Ängste in der frühen Psychose

Die Verschlechterung der sozialen Funktionsfähigkeit äußert sich in Vermeidung und Rückzug aus sozialen Interaktionen, den Hauptmerkmalen der sozialen Angst, die zu den häufigsten und lähmendsten affektiven Störungen gehört, die bei jungen Menschen mit Psychose auftreten (25 % der Menschen mit erster psychotischer Episode, siehe Michail & Birchwood, 2013) und die Genesung ernsthaft behindern (Morgan et al., 2014). Depressionen haben sich auch als einer der wichtigsten klinischen Faktoren erwiesen, die das Fortbestehen paranoider Symptome und unzureichender Funktionsfähigkeit bei einem Clinical High Risk (CHR) vorhersagen (Deng et al., 2021; Longden et al., 2020; McCarthy-Jones & Longden, 2015; Salokangas et al., 2016).

Kognitive Verzerrungen

Verfolgungsideen erreichen mit größerer Wahrscheinlichkeit eine wahnartige Intensität, wenn begleitende Verzerrungen im Denken vorliegen, wie zum Beispiel eine reduzierte Datensammlung (JTC, siehe oben) (Garety & Freeman, 2013), die Nichtberücksichtigung alternativer Erklärungen (Freeman et al., 2004) und ausgeprägte Bestätigungsfehler *(belief confirmation bias)* (Wason, 1960). Bei Vorliegen von Denkfehlern werden Vermutungen zu Beinahe-Gewissheiten; Bedrohungsvorstellungen werden mit einer Überzeugung vertreten, die durch die Beweise nicht gerechtfertigt sind und können dann als wahnhaft angesehen werden. Verzerrungen in der Informationsverarbeitung spielen eine Schlüsselrolle bei der Entstehung und Aufrechterhaltung von Verfolgungswahn und bilden den

Schwerpunkt für kognitiv-verhaltenstherapeutische Interventionen (Garety et al., 2020; Lincoln, et al., 2010b). Forschungsergebnisse zeigen, dass die Tendenz zu JTC (zu wenig Informationen sammeln) und Glaubensunflexibilität (starke Überzeugung der Gedanken und geringe Berücksichtigung alternativer Ideen) – manchmal als ›schnelles Denken‹ charakterisiert – stetig mit Paranoia verbunden sind (McLean et al., 2017). Ebenso werden externalisierende Denkfehler (die Tendenz, intern erzeugte Ereignisse externen Quellen zuzuschreiben) mit halluzinatorischen Erfahrungen in Verbindung gebracht (Brookwell et al., 2013), während eine Neigung zu negativen (z. B. defätistischen) Leistungsüberzeugungen und -erwartungen mit vermehrten Negativsymptomen (insbesondere Motivation/Lust) bei Menschen mit Schizophrenie verbunden ist (Grant & Beck, 2009).

Laut dem aktuellen differenzierten Modell für Verfolgungswahn, das von Freeman et al. (2016) vorgeschlagen wurde, werden die Gefahrenüberzeugungen durch sechs Schlüsselfaktoren aufrechterhalten, wenn sich eine Paranoia entwickelt hat (Freeman, 2016): Sorgen, negativer Selbstglaube, anomale Erfahrungen, Schlafstörungen, Denkverzerrungen und Sicherheitsverhalten. Ein Beispiel für die Aufrechterhaltung nach diesem Modell wäre, dass das sich-Sorgen unplausible Ideen hervorruft, sie aufrechterhält und die Notlage verschlimmert; negative Selbstüberzeugungen führen dazu, dass sich die Person minderwertig und verletzlich fühlt; subjektiv anomale innere Zustände (z. B. Dissoziation, unerklärliche ängstliche Erregung und Wahrnehmungsstörungen) provozieren angstvolle Erklärungen; Schlafstörungen verstärken den negativen Affekt, die Stimmungsdysregulation und anomale innere Zustände; Voreingenommenheit im Denken verhindert die Verarbeitung alternativer Erklärungen; und sicherheitssuchende Verhaltensweisen wie Vermeidung verhindern, dass die Person widerlegende Beweise dafür erhält und verarbeitet, dass sie sicher ist. (▶ Abb. 5.2)

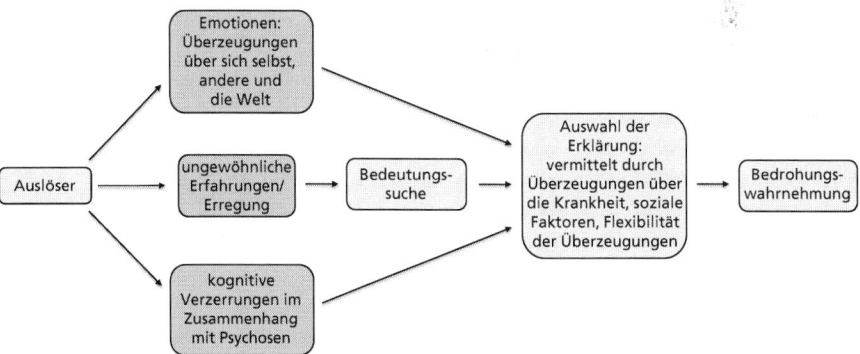

Abb. 5.2: Modell der Entwicklung von Persekutionswahn (in Anlehnung an Garety & Freeman 2013)

5.3.2 Kognitives Modell der auditiven Halluzinationen

Halluzinationen können definiert werden als »wahrnehmungsähnliche Erfahrungen mit der Klarheit und Wirkung einer echten Wahrnehmung, aber ohne die externe Stimulation des entsprechenden Sinnesorgans« (American Psychiatric Association, 2013). Auditorische verbale Halluzinationen (AVH) oder das Hören von Stimmen ist eines der frühesten psychoseähnlichen Symptome und wurde mit einem erhöhten Risiko für psychotische und nicht-psychotische Störungen im Erwachsenenalter in Verbindung gebracht. Beunruhigende Stimmen, die in der Adoleszenz auftreten, weisen eher auf eine Psychopathologie hin als Stimmen, die in der Kindheit erlebt werden (Schimmelmann et al., 2008); sie sind mit einem erhöhten Risiko für Drogenmissbrauch und Suizidversuche (Connell et al., 2016) und der Notwendigkeit einer psychotherapeutischen oder psychiatrischen Versorgung verbunden (Wigman et al., 2011). Auditive Halluzinationen sind auch die häufigste Art von Halluzinationen bei Schizophrenie-Spektrum-Störungen, wobei etwa 60–80 % der Betroffenen berichten, Stimmen zu hören (McCarthy-Jones et al., 2014; Waters et al., 2012).

Das verfeinerte kognitive Modell der auditorischen Halluzinationen geht davon aus, dass nach dem Stimmenhören kognitive Bewertungen wie Kontrolle, Identität, Macht und Zweck auftreten. Diese Einschätzungen beeinflussen die emotionalen, verhaltensmäßigen und somatischen Reaktionen der Person auf das Stimmenhör-Erlebnis. Die Verbindung zwischen emotionalen und verhaltensbezogenen Reaktionen und Bewertungen im Rahmen des kognitiven Modells ist wahrscheinlich bidirektional. So können emotionale und verhaltensbezogene Reaktionen wiederum dazu dienen, kognitive Einschätzungen über Stimmen zu verstärken oder zu schwächen (Mawson et al., 2010). Dieses kognitive Modell geht daher davon aus, dass die Aufrechterhaltung des Leidensdrucks bei Personen, die Stimmen hören, von den Bewertungen und Überzeugungen der Betroffenen über die Stimmen abhängt, die ihre emotionale und verhaltensbezogene Reaktion auf diese Erfahrungen direkt beeinflussen (Birchwood & Chadwick, 1997; Morrison, 2001; Morrison & Haddock, 1997).

Morrison und Kollegen (2001) haben eine Erklärung dafür geliefert, wie kausale Faktoren wie Intrusionen und falsche Zuschreibungen zu einem Aufrechterhaltungszyklus von auditorischen Halluzinationen beitragen. Sie argumentierten, dass die Erfahrung einer auditorischen Halluzination auftritt, wenn ein Individuum einige interne Stimuli, wie z. B. unerwünschte aufdringliche Gedanken, einer externen Quelle falsch zuordnet werden. Diese Fehleinschätzung führe dann zu kognitiven Bewertungen des Erlebnisses.

In Anlehnung an die Vorstellung von sozialem Rang argumentierten Birchwood und Kolleg*innen (2000), dass aktuelle und frühere soziale Beziehungen die Entwicklung von Schemata beeinflussen, die auf Fragen der Macht und Unterordnung basieren. Beispielsweise können Personen, die in sozialen Beziehungen Machtlosigkeit erfahren, sich auch als machtlos in Bezug auf ihre Stimmen wahrnehmen (Birchwood et al., 2004; Birchwood et al., 2000). Empirische Untersuchungen deuten darauf hin, dass Überzeugungen über die wahrgenommene Macht der Stimmen sowie die wahrgenommene Absicht der Stimmen (d. h., ob der Stimmenhörer glaubt, dass die Stimmen böswillig oder wohlwollend sind) besonders wichtig für die Belastung und Beeinträchtigung sind, die durch diese halluzinatorischen Erfahrungen verursacht werden. Mehrere Studien haben gezeigt, dass Stimmenhörer, die Überzeugungen über die Bösartigkeit und Allmacht der Stimmen vertreten, erheblich stärker unter Stress leiden (z. B. Birchwood & Chadwick, 1997; Chadwick et al., 2000), während Überzeugungen über Wohlwollen mit geringerem Stress verbunden sind (z. B. Peters et al., 2012). Die Vorhersagen der kognitiven Modelle über Stimmen werden durch zunehmende empirische Belege gestützt, die darauf hindeuten, dass bei Individuen, die Stimmen hören, positive Bewertungen (d. h. positive Überzeugungen über Stimmen und Wohlwollen der Stimme) negativ mit Belastung korrelieren (Varese et al., 2016), während negative Bewertungen der Stimme (z. B. Böswilligkeit der Stimme, Macht und Dominanz) positiv mit Belastung korrelieren (Fannon et al., 2009).

> **Überzeugungen über Stimmen**
>
> Die Verringerung negativer oder potenziell maladaptiver Bewertungen der Stimmen ist ein zentrales Ziel vieler kognitiv-verhaltenstherapeutischer Interventionen bei beängstigenden Stimmen. Psychologische Interventionen, die speziell auf die Überzeugungen der Stimmen abzielen, haben sich als wirksam erwiesen, um die Belastung von Menschen, die Stimmen hören, zu verringern (Birchwood et al., 2018; Hazell et al., 2018). Mehrere Mechanismen wurden ebenfalls als Mediatoren zwischen Halluzinationen und Entwicklungstrauma untersucht, insbesondere Dissociation, negative Schemata, emotionale Dysregulation und Symptome von posttraumatischem Stress (z. B. Alameda et al., 2020; Bloomfield et al., 2021), wobei traumafokussierte, theoretische Erklärungsansätze vorgeschlagen werden, um nachfolgende verhaltensbezogene und kognitiv-affektive Prozesse zu erklären (z. B. Bentall et al., 2014; Hardy, 2017).

5.4 Einfluss auf die Entwicklung der kognitiven Verhaltenstherapie bei Psychosen

Fortschritte in neurobiologischen und neuroanatomischen Erkenntnissen über psychotische Symptome haben die Entwicklung antipsychotischer Medikamente verbessert. Diese Erkenntnisse haben jedoch nicht zu besseren Behandlungen für Menschen mit Psychosen geführt (Kesby et al., 2018). Obwohl Medikamente nach wie vor die erste Wahl bei der Behandlung von Positivsymptomen der Psychose sind (ab der ersten psychotischen Episode), empfehlen die wichtigsten internationalen klinischen Leitlinien, Psychotherapie (und insbesondere die kognitive Verhaltenstherapie, KVT) für Menschen mit Psychose bereits in sehr frühen Stadien anzubieten. Die kognitive Verhaltenstherapie für Psychosen (KVT-P) stützt sich, wie oben erläutert, auf bestehende verhaltenstherapeutische und kognitive Theorien. Die KVT-P basiert auf der Prämisse, dass die Art und Weise, wie eine Person einem Ereignis einen Sinn gibt, wichtig ist und nicht das Ereignis selbst, und dass emotionaler Stress entsteht, wenn die Interpretation eines Ereignisses durch eine

Person übermäßig bedrohlich und unverhältnismäßig ist (Mander & Kingdon, 2015). Die KVT wurde erstmals 1952 von Aaron Beck in den Vereinigten Staaten auf Psychosen angewandt, der eine Fallstudie zur KVT durchführte, um die wahnhaften Überzeugungen eines Veteranen zu behandeln (Beck, 1952). Diese frühe Arbeit führte jedoch nicht unmittelbar zur Entwicklung der KVT für Psychosen, da Becks anfängliche Arbeit vorrangig auf die Entwicklung der KVT für Depressionen und Angststörungen ausgerichtet war. Frühe Formen der KVT-P setzten in erster Linie auf Verhaltensstrategien, um Veränderungen zu bewirken, wie z. B. der Verbesserung von Bewältigungsstrategien (Tarrier et al., 1993), während kognitive Strategien zweitrangig waren (Tai & Turkington, 2009). Mit zunehmender Evidenz wurde jedoch die gleichrangige Bedeutung kognitiver Strategien in der KVT-P anerkannt. Derzeit geht die KVT-P davon aus, dass ungünstige Lebensereignisse in der Kindheit zur Entwicklung grundlegender Überzeugungen über das Selbst, die Welt und Andere führen, und dass die Psychose durch bedrohungsbasierte Kognitionen, Verhaltensweisen, Emotionen und physiologische Reaktionen aufrechterhalten wird. Dieser Ansatz und andere evidenzbasierte psychologische Behandlungen für frühe Psychosen werden in späteren Kapiteln näher erläutert (▶ Kap. 6, ▶ Kap. 7, ▶ Kap. 8).

5.5   Überprüfen der Lernziele

- Wie sind die Entstehung und Aufrechterhaltung der psychotischen Symptome von Nadia erklärbar?
- Welche neurobiologischen Prozesse sind laut aktuellen Forschungsergebnissen bei der Entstehung psychotischer Symptome besonders relevant?
- Welche Rolle spielen voreilige Schlussfolgerungen bei der Entstehung von Verfolgungswahn?

6 Psychotherapie

Fallbeispiel

Leon ist 20 Jahre alt und wurde kürzlich nach einem achtwöchigen Aufenthalt aus dem Krankenhaus entlassen. Er ist der Jüngere von zwei Geschwistern (er hat eine 25-jährige Schwester) und lebt derzeit bei seinen Eltern. Zuvor lebte er jedoch mit einigen Studienkollegen in einer Wohngemeinschaft in einer Kleinstadt in Nordrhein-Westfalen. Vor etwa zwölf Monaten wurde er zum ersten Mal in ein Krankenhaus eingewiesen und ist seither noch einmal stationär behandelt worden. Nach der letzten Einweisung hat Leon die Diagnose einer paranoiden Schizophrenie (F20) erhalten. Der leitende Psychologe der Psychoseabteilung des Krankenhauses habe ihm empfohlen, sich an unser Zentrum zu wenden, um den Umgang mit der Positivsymptomatik zu verbessern. Leon erklärt, dass er zwei Stimmen höre, beides Männerstimmen. Früher schrien sie sich gegenseitig an, aber die antipsychotische Medikation habe dazu beigetragen, dass »das Schreien« nachgelassen habe. Er höre die Stimmen jeden Tag für einige Minuten, und sie kommen und gehen im Laufe des Tages, je nachdem, wo er sich aufhalte. Sie hören sich an, als kämen sie von außerhalb seines Kopfes und seien jetzt etwa so laut wie seine eigene Stimme. Sie seien immer unangenehm/negativ und sprächen hauptsächlich über ihn und seine Unfähigkeit, mit Mädchen zu sprechen und eine Freundin zu finden. Sie sagen Dinge wie ›*du bist nutzlos*‹, ›*sie werden nie mit dir reden*‹, ›*du bist hässlich und peinlich*‹, ›*such*‹ *dir eine Freundin*' oder ›*Feigling, du traust dich nicht, sie anzusprechen*‹. Manchmal fordern sie ihn auf, zu trinken oder Cannabis zu rauchen, um ›*lustiger*‹ zu werden.

Der zweite Krankenhausaufenthalt sei erfolgt, nachdem er in einer Bar, in der er mit seinen Freund*innen etwas getrunken hatte, unruhig geworden sei und angefangen habe, die Stimmen zu hören, die ihm diese Dinge sagten und auch, dass ›*der Mann hinter der Bar über ihn lach(t)e*‹. Wenn er unterwegs sei, höre er die Stimmen häufiger, so dass er normalerweise beschließe, zu Hause zu bleiben, wo er sich sicher fühle. Aber auch das mache ihm große Angst und er könne nicht schlafen.

Der Arzt im Krankenhaus habe gesagt, die Stimmen seien zu 100 Prozent auf ein Gehirnproblem zurückzuführen, aber auf die Frage nach seiner eigenen Erklärung für die Stimmen sagte er: »Es ist schwer zu erklären, man würde es nicht glauben...«. Er fügte hinzu, dass die Stimmen denen seiner Schulfreunde (aus der 6. oder 7. Klasse) sehr ähnelten, ›*obwohl sie nicht wirklich meine Freunde waren. Sie wollten mich nur ausnutzen*‹. Auf die Frage nach dieser Zeit in der

Schule erklärte er, dass er sich sehr oft ausgegrenzt und als ›Spinner‹ behandelt gefühlt habe, da er lieber Bücher gelesen und Rollenspiele gespielt habe, als mit anderen zusammen zu sein oder ›mit Mädchen zu reden, um sie zum Lachen zu bringen‹. Seine Schwester habe ihn oft dazu gedrängt, bei den anderen mitzumachen, um ›dazuzugehören‹, aber er habe sich von diesen ausgeschlossen gefühlt. Leon erklärte, dass er mit seinen Freunden (17—20 Jahre alt) regelmäßig Cannabis geraucht habe, besonders im ersten Jahr an der Universität. Er berichtet, dass er nun seit etwa sechs Monaten alkohol- und cannabisabstinent sei.

Lernziele

- Sie können, basierend auf dem Fallbeispiel von Leon, ein individuelles Erklärungsmodell (nach Ellis) erstellen.
- Sie können die Kernelemente von KVT-P-Interventionen benennen und beschreiben.
- Sie wissen, was bei der Psychoedukation zu Psychosen besonders relevant zu beachten ist.

6.1 Relevante Informationen für den Antrag auf Psychotherapie

Die im Folgenden dargestellten Informationen sollen Psychotherapeut*innen helfen, den »Antrag« auszufüllen, der der Versicherung vorgelegt werden soll, um die psychotherapeutische Arbeit mit Leon zu beginnen. Zur besseren Veranschaulichung des Falles wurden einige der wörtlichen Aussagen von Leon in den Text eingefügt (diese Informationen würden im formellen Antrag auf Psychotherapie weggelassen werden).

6.1.1 Persönliche und medizinische Vorgeschichte

Leons Mutter habe eine unkomplizierte vaginale Geburt gehabt. Er scheint eine normale motorische und sprachliche Entwicklung durchlaufen zu haben, und seine Schulzeit war hinsichtlich der schulischen Leistungen unauffällig. Leon wurde im Alter von 9 Jahren operiert (Leistenbruch). Weitere Erkrankungen sind nicht bekannt.

Leon beschreibt sich selbst als einen »*zurückhaltenden Jungen, der nur mit anderen interagiert, weil mir das von meinen Eltern und meiner Schwester gesagt wurde*«. Er erinnert sich, dass er von anderen Kindern beschimpft und ausgelacht worden sei, weil er kein Interesse daran gehabt habe, Fußball zu spielen oder mit Mädchen zu verkehren. Obwohl er es wollte, habe er nie weibliche Freunde gehabt. In der 10.

Klasse habe er ein Mädchen nach einem Date gefragt, aber sie habe so laut angefangen zu lachen, dass »*jeder die Ablehnung mitbekam*«. Nach dem Abitur habe er sich für ein Wirtschaftsstudium entschieden (in einer anderen Stadt). Obwohl er sich weniger »*beobachtet und beurteilt*« gefühlt habe, habe er beschlossen, mehr zu rauchen und zu trinken, um sich anzupassen. Er bezeichnet sich selbst als Mann, seine sexuelle Orientierung als heterosexuell und er habe noch keine romantische oder sexuelle Beziehung gehabt. Er habe mit 17 Jahren begonnen, allein Cannabis zu konsumieren.

6.1.2 Familiengeschichte

Leons Eltern sind beide 48 Jahre alt. Seine Mutter arbeitet in einer Bank und sein Vater in einer Agentur (die seinen Großeltern gehört). Er hat eine ältere Schwester (25 Jahre alt), die in einer anderen Stadt lebt, ihn aber mindestens einmal in der Woche anruft. Leon wohnte bei einigen Universitätskollegen, ist aber seit der zweiten Krankenhauseinweisung wieder zu seinen Eltern gezogen. Sein Vater wurde vor etwa 10 Jahren dreimal ins Krankenhaus eingeliefert aufgrund von schweren depressiven Episoden, wie er heute weiß. Diese Information wurde jedoch weder ihm noch seiner Schwester mitgeteilt. Psychosebedingte Störungen in der Familie sind nicht bekannt. Er fühle sich seinen Eltern nicht nahe, wolle ihnen auch keinen Ärger machen und hoffe, »*so bald wie möglich*« wieder von zu Hause auszuziehen zu können.

6.1.3 Psychologischer Befund und Diagnostik

Leon präsentiert sich als sprachgewandter, nachdenklicher und einsichtiger junger Mann. Er ist teilweise wach, bewusstseinsklar, zeitlich und örtlich orientiert. Er scheint manchmal verlegen zu sein, wenn er über seine Stimmen spricht und beginnt, im Raum ein wenig auf und abzugehen. Er berichtet, dass er mehr als sonst esse und nachts etwas unruhig schlafe (obwohl er dann morgens ausschlafe). Er beschreibt, dass er viel Zeit allein verbringe und »*nicht viel macht*«. Er habe das Gefühl, dass er, wenn er zu Hause bleibe, »*seine Stimmen besser kontrollieren kann, oder zumindest beleidigen sie ihn nicht so sehr*«. Einige seiner Freunde von der Universität haben regelmäßig Kontakt zu ihm, seit er den Kurs abgebrochen habe, aber er fühle sich »*peinlich berührt nach dem, was in dieser Bar passiert ist*«. Leon wolle ein »*normales*« Leben führen und an die Universität zurückkehren. Nach romantischen Beziehungen gefragt antwortet er, er sei »*noch nicht dafür bereit*«.

Diagnostik

Zusätzlich zum klinischen SKID-Interview wurden die symptomspezifischen Skalen Psychotic Symptom Rating Scales (PSYRATS Auditive Halluzinationen und PSYRATS Wahn), Beliefs About the Voices Questionnaire revised (BAVQ-R) und die Brief Negative Symptom Scale (BNSS) zur klinischen Beurteilung von Leon genutzt. Zusammenfassung der Ergebnisse: PSYRATS-AH (Bereich 0–44; Medianwert = 28) = 40; PSYRATS-D (Bereich 0–24; Medianwert = 15) = 15; BAVQ-R Malevolence (Bereich 0–18) = 12; BAVQ-R Benevolence (Bereich 0–18) = 3; BAVQ-R Omnipotence (Bereich 0–18) = 12; BNSS (Bereich 0–78) = 48.

Somatische Befunde und aktuelle Medikation

Unauffällige somatische Befunde und kein aktueller Drogenkonsum. Derzeitige Pharmakologie:

- 4 mg/Tag Risperidon oral (Risperdal)
- 5 mg/Tag Diazepam (nur bei Bedarf)

6.1.4 Diagnosen

Achse I: F20.9 – Schizophrenie, multiple Episoden, derzeit in partieller Remission
Achse II: keine Anhaltspunkte
Achse III: nach klinischem Eindruck mindestens durchschnittliche Intelligenz
Achse IV: keine Anhaltspunkte
Achse V: 2.0 Psychische Störung / abweichendes Verhalten eines Elternteils
Achse VI: 5. ernsthafte soziale Beeinträchtigung

6.1.5 Therapieplan und Prognose

Therapieziele:

1. Psychoedukation zu Psychosen
2. Verringerung der Beeinträchtigung durch Positivsymptome (insbesondere auditorische Halluzinationen)
3. Verbesserung der sozialen Anpassung, der familiären Unterstützung und der Wiederaufnahme von Universitätskursen
4. Rückfallprävention

Therapieplan: Auf der Grundlage der Empfehlungen der klinischen Leitlinien wird für den Patienten eine individuelle KVT für Psychosen vorgeschlagen (einschließlich Psychoedukation). Die Sitzungen werden wöchentlich abgehalten. Mit Zustimmung des Patienten erhält die Familie Informationen über eine von Gleichaltrigen unterstützte Familiengruppe für Menschen mit Psychose.

Prognose: Positiv für den Therapieerfolg ist, dass sich der Patient kooperativ und motiviert hinsichtlich der Behandlung zeigt. Die Beziehung zu seinem Psychotherapeuten war sehr positiv, und der Patient schien während des Diagnostikprozesses offen über seine Erfahrungen zu sprechen. Familie und soziale Unterstützung sind vorhanden, förderliche Faktoren für eine gute soziale Anpassung und für das Erreichen der Therapieziele.

6.2 Kognitive Verhaltenstherapie für Psychosen (KVT-P)

Zu den Kernelementen der KVT-P-Interventionen gehören ein warmherziger und respektvoller therapeutischer Stil, die Vereinbarung von Zielen, eine partnerschaftliche Zusammenarbeit, die Formulierung einer individuellen Verhaltensanalyse und die Umsetzung von Veränderungsstrategien während und zwischen den Sitzungen (Morrison & Barratt, 2010, Spencer et al., 2020). Patient*in und Therapeut*in arbeiten gemeinsam daran, den Leidensdruck der Person zu verringern, die Bewältigung zu verbessern und spezifische Therapieziele zu erreichen. Individuelle KVT-P-Sitzungen finden in der Regel wöchentlich bis vierzehntägig über einen Zeitraum von 6–12 Monaten statt, mit Folgeterminen nach der Therapie (in Deutschland werden 25 Sitzungen empfohlen).

Bei der KVT-P geht es darum, durch neues Lernen und im Rahmen einer guten therapeutischen Beziehung Bewertungen und Verhalten zu verändern. Die Konzentration auf Bewertungen hilft den Betroffenen, ungewöhnliche Erfahrungen (z. B. auditive Halluzinationen und Wahnvorstellungen) und Ereignisse zu verstehen, eine alternative Perspektive einzunehmen und/oder auf neue Weise zu reagieren. Hausaufgaben maximieren das neue Lernen, und die Erteilung von Hausaufgaben (Aufgaben zwischen den Sitzungen) wird mit besseren Ergebnissen und größerer Zufriedenheit in der KVT-P in Verbindung gebracht, auch wenn die Patient*innen möglicherweise zusätzliche Unterstützung durch den oder die Therapeut*in benötigen, um die Aufgaben zu erledigen (Miles et al., 2006).

6.3 Umsetzung der Behandlungsphasen

Die KVT-P umfasst die folgenden Phasen (die sich überlappen können; Johns, Isham, Mahen, 2020):

1. Engagement (▶ Kap. 6.4)
Der Aufbau eines starken therapeutischen Bündnisses ist für den Erfolg der Behandlung von wesentlicher Bedeutung. Empathie und Normalisierung sind der Schlüssel, um sich auf Patient*innen einzulassen und der neugierige ›Columbo-Stil‹ (d. h. wirklich neugierige, offene Fragen und Offenheit für Klärungsbedarf) sollte

genutzt werden, um die Erfahrung der Person zu verstehen. Es ist sehr wichtig, dass Therapeut*innen Raum für die Subjektivität der Erfahrung lassen und der Person behutsam helfen, ihre Erfahrungen zu beschreiben, wie sie zu ihren Schlussfolgerungen gekommen ist und wie sie ihre spezifischen Überzeugungen entwickelt hat. Manchmal, insbesondere in der Frühintervention bei Psychosen, möchten Patient*innen Aspekte ihrer Erfahrungen, insbesondere Halluzinationen, nicht offenlegen, weil sie befürchten, erneut hospitalisiert zu werden (zumal Hospitalisierungen oft als traumatisch erlebt werden; Berry et al., 2015) oder eine Erhöhung ihrer Psychopharmaka als Folge zu erhalten.

2. Symptombeurteilung (▶ Kap. 6.1.3)

Neben der formalen Diagnostik ist die Beurteilung ein wichtiger und ständiger Bestandteil des Therapieprozesses. Die Diagnostik beginnt mit allgemeinen Fragen, um einen Überblick über die aktuellen Probleme der Person zu erhalten, gefolgt von spezifischen Fragen, um eine Aufrechterhaltungsformulierung zu erstellen (Was ist passiert...? Wie haben Sie es verarbeitet? Wie haben Sie sich gefühlt? Wie haben Sie reagiert/Was haben Sie getan, um damit fertig zu werden?). Der Schlüssel zur KVT-P-Beurteilung ist die Klärung der Verbindung zwischen Erfahrung und Bewertung und die Frage, was die Person wahrnimmt und somit zu bestimmten Bewertungen führt. Der Auslöser kann ein inneres Gefühl oder eine Emotion, eine halluzinatorische Erfahrung oder ein äußeres Ereignis (das auch anomale Wahrnehmungsqualitäten haben kann) sein. Die Beurteilung gibt auch Aufschluss über die wichtigsten Prozesse und Verhaltensweisen, die die Erfahrungen und belastenden Bewertungen aufrechterhalten:

Beispiel für das Beurteilung von Leons Stimmen, um mit dem ABC-Modell fortzufahren:

T (Therapeut): Wäre es in Ordnung, Leon, wenn Sie mir den Vorfall in der Bar schildern, als Sie das letzte Mal ausgegangen sind?

L (Leon): Ja... es ist ein bisschen schmerzhaft, dorthin zurückzukehren... Ich wollte ein bisschen Spaß mit meinen Freunden haben, also gingen wir in eine Bar. Ich habe vorher einen Joint geraucht, um mich ein bisschen entspannter zu fühlen... Aber dann hörte ich diese Stimme, die mich erniedrigte, ... und... ich konnte nicht anders.

T: Darf ich fragen, was die Stimme genau zu Ihnen gesagt hat? Nur, wenn Sie es mir gerne mitteilen möchten.

L: Ja... er sagte Dinge wie ›Du bist peinlich‹ oder ›Geh und such dir eine Freundin›...

T: Oh, das klingt nach einer sehr bedrückenden Situation. Mit Ihren Freunden in einer Bar zu sein und diese sehr negative Stimme zu hören...

L: Ja... Es war schrecklich, sie wollte nicht aufhören... Ich versuchte, nicht auf sie zu hören, aber dann sah ich den Mann hinter der Bar, den Kellner, die ganze Zeit lachen, und ich war mir sicher, dass er über mich lachte. Die Stimme sagte das auch...

T: Verstehe... Die Stimme hat Ihnen also auch gesagt, dass der Kellner über Sie lacht?

L: Ja... Dann hat der Kellner auch noch bemerkt, dass ich ihn die ganze Zeit ansehe, also dachte ich, er könnte kommen und mich irgendwann schlagen! Das hat mich noch mehr gestresst.

T: Das klingt wirklich nach einer sehr beängstigenden Situation. Welche Bedeutung gaben Sie zu diesem Zeitpunkt der Stimme, Leon?

L: Ich dachte, ich würde sie nie loswerden... sie würden sich immer über mich lustig machen und mich demütigen können. Ich dachte, sie könnten auch mit anderen Leuten reden und diese Dinge über mich sagen... Ich würde nicht in der Lage sein, normal zu sein, mit meinen Freunden zu reden...

T: Das muss sehr schwer für Sie gewesen sein... Ich finde es logisch, dass man sich aufregt, wenn man diese beunruhigenden Stimmen hört und sich von jemandem in seiner Umgebung bedroht fühlt.

L: Auf jeden Fall... und dann kam mein Vater, weil ein Freund nach Hause kam, um zu sehen, wie es mir geht, und er fand mich auf dem Boden und brachte mich ins Krankenhaus, am frühen Morgen... Ich war so wütend... ich glaube, ich habe meinen Vater geschubst... Aber ich wollte das nicht!

T: Oh Leon, das klingt wirklich nach einer schrecklichen Erfahrung. Ich kann mir nur vorstellen, wie verängstigt und verzweifelt Sie gewesen sein müssen.

3. Festlegen von Zielen

Ziele sind wichtig für die Ausrichtung der Therapie: Die Person erstellt eine Liste von Problemen. Die Ziele basieren auf der Problemliste und werden aufgeschrieben (jedes Ziel entspricht einem bestimmten Problem). Am produktivsten ist es, »SMART«-Ziele (spezifisch, messbar, erreichbar, relevant und zeitlich begrenzt) zu entwickeln, die am besten in Form von Dingen formuliert werden, die die Person gern tun will, und nicht, wie sie sich fühlen will. Nützliche Fragen für die Zielsetzung sind beispielsweise: Was würden Sie gerne anders machen? Wenn Ihre Stimmen Sie nicht so sehr stören würden, was würden Sie dann tun können, was Sie jetzt nicht tun können?

Liste der Probleme von Leon:

- Stimmen, die mich demütigen.
- Unfähig, auszugehen.
- Unfähig, wieder zur Universität zu gehen.

Leons Ziele:

- Mehr über die Stimmen herausfinden und versuchen, ihre Häufigkeit zu verringern oder sie nicht mehr so beunruhigend zu finden (gemessen durch Veränderungen der Häufigkeit und des Leidensdrucks, in PSYRATS-AH).

- In der Lage zu sein, mindestens 2–3-mal pro Woche aus dem Haus zu gehen (gemessen anhand des wöchentlichen Aktivitätsregisters).
- Sich selbstbewusster zu fühlen, um eine erneute Immatrikulation an einer Universität in Betracht zu ziehen (gemessen anhand der wöchentlichen Selbstvertrauensskala).

4. Individuelle Erklärungsmodelle (nach dem ABC-Modell von Ellis 1957)
Im Mittelpunkt der KVT-P steht das Konzept der kognitiven Verhaltensformulierung zur Aufrechterhaltung von Symptomen. Kognitive Psychosemodelle (z. B. Garety et al., 2007; Morrison, 2001; ▶ Kap. 5) bieten einen hilfreichen allgemeinen Rahmen für die Formulierung positiver psychotischer Symptome. In jüngster Zeit wurden weitere symptomorientierte Modelle vorgeschlagen: Freeman (2016) stellt beispielsweise ein evidenzbasiertes Modell des Verfolgungswahns vor, das die Rolle wichtiger psychologischer Prozesse wie Sorgen, geringes Selbstvertrauen, anomale Erfahrungen, Schlafstörungen, Denkfehler und Sicherheitsverhalten bei der Aufrechterhaltung des Verfolgungswahns betont (Freeman, 2016; ▶ Kap. 8).

Da traumabezogene Mechanismen als Beitrag zur Entwicklung von Positivsymptomen bei Psychosen hervorgehoben wurden, kann auch Trauma in die Formulierung integriert und zu einem Ziel der KVT-P werden (Hardy et al., 2024; Morrison, 2017). Daher ist eine anfängliche Diskussion über frühe Erfahrungen, die möglicherweise Überzeugungen und dysfunktionale Annahmen über die Entstehung von Symptomen geprägt haben, ebenfalls wichtig. In Leons Fall könnte die Anerkennung einer möglichen Rolle seiner Erfahrungen in der Schule und ihrer Auswirkungen auf seine Überzeugungen (z. B. Gefühl der Verletzlichkeit, geringes Selbstkonzept), Erfahrungen und Reaktionen (z. B. Angst vor Reaktionen, Angst) eine normalisierende Erklärung für seine aktuellen Probleme liefern.

Das individuelle Erklärungsmodell wird in erster Linie von Therapeut*innen verwendet, um geeignete Behandlungsstrategien und -techniken auszuwählen, aber der anfängliche Nutzen besteht in der Einführung einer alternativen, normalisierenden Erklärung des Problems. Ein gemeinsames, individuelles Erklärungsmodell muss in Zusammenarbeit erfolgen, für die Person leicht verständlich sein, mit den Zielen der Patient*innen verknüpft werden und Strategien zur Veränderung aufzeigen. Bei der Beurteilung können aktuelle, typische Beispiele für das Problem der Patient*innen im Hinblick auf spezifische Auslöser, Kognitionen, emotionale und verhaltensbezogene Reaktionen nützlichere Informationen für die KVT-P liefern als Diskussionen über allgemeine Muster.

In Leons Fall konzentriert sich die Formulierung auf seine Erfahrung des Stimmenhörens (»Du blamierst dich!«, »Such dir eine Freundin!«, »Er lacht dich aus!«). In dem ABC-Modell für Leon bezieht sich A auf einen Auslöser (z. B. soziale Situationen, Cannabis, Alkohol oder Ängste), B auf die Überzeugung oder Einschätzung (z. B. »Die Simmen sind mächtig und immer da.«, »Ich darf meine Freunde nicht sehen«), die durch seine Lebenserfahrungen und Schemata (z. B. Mobbing in der Schule) geprägt werden und C auf die Konsequenzen in Form von Emotionen (wütend, hoffnungslos etc.), physiologischen Reaktionen (z. B. Schlafstörungen) und Verhaltensweisen (Rauchen, Vermeidung etc.) (▶ Abb. 6.1).

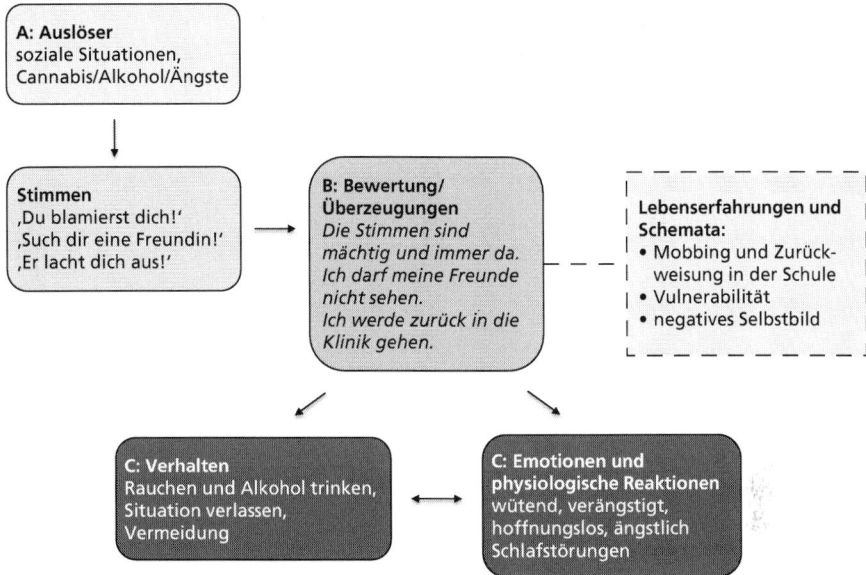

Abb. 6.1: Ein ABC-Modell für die Aufrechterhaltung von Leons Stimmen.

5. Interventionen

Sobald individuelle Erklärungsmodell(e) entwickelt sind, arbeiten Therapeut*in und Patient*in gemeinsam daran, geeignete Interventionen auf der Grundlage der Ziele der Patient*in zu ermitteln. Es gibt spezifische Interventionen für die Arbeit mit Halluzinationen, wahnhaften Überzeugungen, Denkfehlern und negativen Symptomen.

Psychoedukation und Normalisierung: Die Psychoedukation, die häufig als eigenständige Intervention durchgeführt wird (▶ Kap. 7), ist ein Mittel, mit dem die von einer Psychose betroffene Person (und/oder ihre Familie) über ihre Störung und deren Behandlung aufgeklärt wird. Die allgemeine Psychoedukation sollte nicht nur die Erläuterung der Hauptsymptome der Psychose umfassen, sondern auch ihre verschiedenen Phasen, das Risiko des Substanzkonsums sowie Informationen über Medikamente und psychologische Behandlung (siehe z. B. einen open-access hilfreichen Leitfaden zur Psychoedukation im Frühstadium der Psychose, vom National Centre of Excellence in Youth Mental Health, Orygen, Creek et al., 2015). Psychoedukation ist auch ein notwendiger Prozess, um Betroffenen die Möglichkeit zu geben, sich so weit wie möglich an Entscheidungen über ihre Behandlung zu beteiligen. Ein normalisierender Ansatz ist hilfreich, wenn es darum geht, belastende psychotische Erfahrungen zu verstehen und aufzuarbeiten. Psychoedukation über die Häufigkeit dieser Erfahrungen und deren Zusammenhang mit extremem Stress, Trauer oder Schlafmangel kann helfen, diese zu normalisieren. Dabei ist es wichtig, Verbindungen zur persönlichen Biografie, insbesondere zu früheren Trauma- und Viktimisierungserfahrungen, herzustellen, um zu verstehen, warum die Person diese Symptome entwickelt hat. Normalisierung ist auch dann wichtig, wenn Patient*innen befürchten, »verrückt« zu sein, und problematische

Einschätzungen haben, wie z. B. abnormal zu sein, Angst vor Kontrollverlust oder geringe Erwartungen an die Genesung. Persönliche Berichte von Menschen mit ähnlichen Erfahrungen (mit oder ohne Pflegebedürftigkeit) können besonders für junge Menschen sehr hilfreich sein (▶ Kap. 7, Vorschläge für Ressourcen).

> **Beispiele für normalisierende und psychoedukative Botschaften für Leon**
>
> *»Danke, Leon, dass Sie Ihre Erfahrungen mit mir teilen. Ich bin sicher, dass es nicht einfach ist. Ich möchte Ihnen auch etwas von dem Wissen vermitteln, das wir über Stimmen haben. Psychologische Studien haben gezeigt, dass Erfahrungen wie das Hören von Stimmen in der Tat Teil des Kontinuums einer normalen Erfahrung sind und viel häufiger vorkommen als bisher angenommen. Studien zeigen, dass etwa 5–10 % der Bevölkerung irgendwann in ihrem Leben eine Stimme oder Stimmen hören. Demnach hören in Deutschland etwa 4 Millionen Menschen Stimmen. In einigen Kulturen wird das Hören von Stimmen als etwas Besonderes und Positives wahrgenommen. Es macht die Person in einem positiveren Sinne anders als in unserer Kultur.*
>
> *Aus unserer klinischen und wissenschaftlichen Erfahrung wissen wir auch, dass viele Menschen, die diese Erfahrungen (Stimmen hören) machen, leider auch von traumatischen Erfahrungen in der Vergangenheit berichten. Sie haben verschiedene Arten von verbaler oder körperlicher Gewalt durch andere erlebt. Dies führt zu Gefühlen der Verletzlichkeit, was erklären kann, warum sie sich ständig bedroht fühlen oder warum sie negative Gedanken über sich selbst haben.«*

Erkundung der Beweislage, Änderung spezifischer Überzeugungen: Wie wir bereits gesehen haben (▶ Kap. 5), sind die Bewertungen der Erfahrungen in der Psychose in der Regel extern, persönlich und bedrohlich (körperlicher oder psychischer Schaden). Der Schwerpunkt der KVT-P liegt auf der Verringerung von Ängsten und Sorgen, der Stärkung des Gefühls der Kontrolle und der Hoffnung der Person sowie der Verbesserung der Funktionsfähigkeit, anstatt eine umfassende Änderung der Überzeugungen zu verlangen (Johns et al., 2014a). Patient*innen sollen mit Hilfe des sokratischen Dialogs ermutigt werden, sowohl die Beweise, die für ihre beunruhigenden Gedanken (Wahnvorstellungen) sprechen, als auch die Beweise, die dagegensprechen, zu überprüfen. Es ist wichtig, dass Therapeut*innen der Person die Möglichkeit geben, die Beweise, die für ihre Gedanken sprechen, zu überprüfen, bevor sie sich den Beweisen zuwenden, die sie nicht unterstützen (so dass sie sich gehört und bestätigt fühlt). Weiter ist es wichtig, die Gedanken nicht voreilig anzusprechen, da dies das therapeutische Bündnis gefährden und die Ängste der Person sogar noch verstärken kann. Wenn Therapeut*innen die Person dazu drängen, Beweise gegen ihre Gedanken zu finden, wird sich die Person auch gezwungen fühlen, ihre Erklärungen für die Ereignisse zu »verteidigen«. Die individuellen Erklärungsmodelle sollten verwendet werden, um die Erfahrungen, die zu den belastenden Einschätzungen führen, verständlich zu machen, um Zusammenhänge zwischen den Gedanken und der Belastung hervorzuheben, die Motivation zu erhöhen und Alternativen in Betracht zu ziehen, indem diese »neuen« alternativen Gedanken mit weniger Belastung in Verbindung gebracht werden.

Insbesondere bei Verfolgungsgedanken können alternative Erklärungen für bedrohliche Situationen gefunden werden, indem man mit der*dem Patient*in überlegt, ob es möglich ist, dass ein einzelnes Ereignis auf etwas anderes zurückzuführen ist, wie z. B. Zufall, Pech oder Dinge, die mit der/den anderen an der Situation beteiligten Person/en zu tun haben (d. h. nicht bedrohlich und nicht die Person persönlich betreffend). Es kann hilfreich sein, die ursprüngliche Schlussfolgerung der Person zu normalisieren, bevor man fragt, ob es im Nachhinein eine andere Erklärung geben könnte, z. B.: »Natürlich ist es völlig verständlich, dass Sie, als Sie das Gefühl hatten, dass Sie beobachtet und ausgelacht wurden, als Sie den Kellner lachen sahen, dachten: ›Das passiert schon wieder‹. Ich frage mich nur, ob es überhaupt eine Möglichkeit gibt, dass es in diesem Fall einen anderen Grund für das Lachen des Kellners gegeben haben könnte?«. Die Schaffung akzeptabler alternativer Überzeugungen und nicht nur die Erzeugung von Zweifeln ist von entscheidender Bedeutung, da Zweifel ohne plausible Alternativen mit einem geringeren Selbstwertgefühl verbunden sind (Freeman et al., 2004). Therapeut*innen sollten darauf vorbereitet sein, einige Ideen vorzuschlagen, da die Patient*innen möglicherweise nicht in der Lage sind, selbst Alternativen zu entwickeln. Es kann auch hilfreich sein, Alternativen als »Möglichkeiten« vorzuschlagen (z. B. könnte es durchaus sein, dass der Kellner ein nettes Gespräch mit einem anderen Kunden an der Bar geführt hat). Die Anhäufung von alternativen Erklärungen für mehrere Fälle kann als Beweis gegen eine wahnhafte Überzeugung und zur Überprüfung von Überzeugungen mit Hilfe von Verhaltensexperimenten (siehe unten) verwendet werden. Bei der Untersuchung der Gründe für das Hören von Stimmen kann es besonders hilfreich sein, eine Liste aller möglichen Erklärungen zu erstellen und die Beweise für und gegen jede zu bewerten. Diese Liste sollte fortlaufend ergänzt werden. Es ist oft sehr hilfreich, Patient*innen zu ermutigen, darüber nachzudenken, ob die Stimmen mit den eigenen Gedanken zusammenhängen oder von sich selbst erzeugt werden, insbesondere wenn die Person in der Lage ist, ihre negativen Selbstüberzeugungen mit dem in Verbindung zu bringen, was die Stimmen ihr sagen, oder wenn die Stimmen auf traumatische oder belastende Erlebnisse in der Vergangenheit verweisen. Um dies zu erleichtern, kann es hilfreich sein, evidenzbasierte Informationen über auditive Halluzinationen zur Verfügung zu stellen (siehe z. B. Beavan, 2011; Humpston & Woodward, 2024; Johns et al., 2014b; Longden et al., 2012; Waters et al., 2012) und die Erkundung der Evidenz und die Erarbeitung von Alternativen mit Verhaltensexperimenten zu verbinden (z. B., um die Konsequenzen zu testen, wenn die Person den Stimmen nicht gehorcht).

Kognitive Arbeit an Affekten und Emotionen: Affektive Prozesse sind zentrale Grundmechanismen der Psychose (▶ Kap. 5). Im Allgemeinen ist es einfacher, Patient*innen zunächst durch die Bewertung und Formulierung emotionaler Reaktionen, die durch das vorliegende Problem verursacht werden können, einzubeziehen. Bei Leon könnte die Affektarbeit damit beginnen, seine Wut und Angst in sozialen Situationen und beim Hören der Stimmen sowie seine Depression und Hoffnungslosigkeit zu behandeln, die er empfindet, wenn er zu Hause bleibt und glaubt, nicht mit anderen in Kontakt treten oder zur Universität zurückkehren zu können. Zu den Techniken für die Arbeit mit affektiven Prozessen bei Psychosen gehören die üblichen kognitiven und verhaltenstherapeutischen Strategien für Angst und Depression, die jedoch so angepasst werden, dass das Vorhandensein von Wahrnehmungserfahrungen und Wahnvorstellungen berücksichtigt wird. So setzen Menschen mit Psychose beispielsweise Vermeidungs- und Sicherheitsverhalten ein, um Ängste abzubauen. Diese Vermeidungsverhaltensweisen können auch negative Überzeugungen über die eigene Person nach einer psychotischen Episode und die Angst vor negativen Folgen (Versagen, Ablehnung, Rückfall) aufrechterhalten, die sowohl für soziale Angst als auch für negative Symptome relevant sind (Birchwood et al., 2007). Die abgestufte Exposition kann eingesetzt werden, um die ängstliche Vermeidung von Situationen gezielt anzugehen und um spezifische wahnhafte Überzeugungen und damit verbundene Angstzustände zu testen.

Realitätsprüfung/Verhaltensexperimente: Das Testen der Gültigkeit von Überzeugungen kann beinhalten, dass Patient*innen zu bestimmten Verhaltensweisen ermutigt werden. Bei der KVT-P geht der oder die Therapeut*in langsamer an die Exposition heran als bei der KVT für Angstzustände, um zu vermeiden, dass die Person übermäßig erregt wird und sich die psychotischen Symptome möglicherweise verschlimmern. Außerdem sind die Ängste mancher Menschen so stark (z. B. wenn sie zu 100 Prozent glauben, dass sie körperlich verletzt oder sogar getötet werden), dass eine abgestufte Exposition riskant erscheinen kann (oder der Person den Eindruck vermitteln kann, dass der oder die Therapeut*in ihre Ängste nicht ernst nimmt). In diesen Fällen ist es wichtig, sich im Vorfeld intensiv mit den Gedanken und Überzeugungen der Person zu beschäftigen. Patient*innen werden anfangs oft Bewältigungsstrategien anwenden, die als Sicherheitsverhalten eingeordnet werden können (z. B. das Tragen einer Sonnenbrille oder das Befolgen bestimmter Wege im Stadtzentrum). Diese ermöglichen es der Person, ihre Ziele zu erreichen (z. B. auszugehen und mit anderen zusammen zu sein) und können nach und nach aufgegeben werden. Im Falle von beunruhigenden Stimmen kann sich eine Person zum Beispiel sehr beunruhigt fühlen, wenn sie glaubt, dass diese Stimmen viel Macht und Kontrolle über sie haben. In diesem Fall sollte die Person ermutigt werden, alternative, weniger bedrohliche Erklärungen für ihre Stimme zu erforschen (siehe oben), und es sollte ihr geholfen werden, sich an Verhaltensexperimenten zu beteiligen, um ihren Glauben an die Macht der Stimmen zu testen (z. B. aus dem Haus zu gehen, wenn Stimmen sie auffordern zu bleiben oder ihre Aufmerksamkeit auf äußere Ereignisse zu richten, anstatt auf das zu achten, was die Stimmen sagen). Daher sollten Therapeut*innen den Patient*innen helfen, eine idiosynkratische Hierarchie der gefürchteten Situationen zu entwickeln und auf die Therapieziele hinzuarbeiten. Jede Situation sollte gemeinsam angegangen werden (einschließlich Begleitung der Person nach draußen oder telefonische Erreichbarkeit, wenn die Aufgabe als Hausaufgabe zwischen den Sitzungen gestellt wird). Zusätzlich zu der Erkenntnis, dass die befürchteten Ergebnisse nicht wie vorhergesagt eintreten, und einer gewissen Gewöhnung an die Angst, ist der wichtigste Lernerfolg nach der Exposition ein gesteigertes Gefühl der wahrgenommenen Kontrolle (Mineka & Thomas, 1999).

Verbesserung von Denkfehlern: Wie bereits oben (▶ Kap. 5) erläutert, sind kognitive Verzerrungen (Verzerrungen bei der Verarbeitung von Informationen) besonders häufig einhergehend mit psychotischen Symptomen. Zu diesen Verzerrungen gehören z.B. voreilige Schlussfolgerungen (schnelle Entscheidungen auf der Grundlage begrenzter Informationen), Bestätigungsverzerrungen (Verzerrungen gegenüber nicht bestätigenden Beweisen), Gedächtnisverzerrungen (Nicht-Erinnern an die Quelle von Informationen) oder emotionales Denken (Schlussfolgerungen auf der Grundlage von Gefühlen; obwohl die letztgenannte Verzerrung weniger spezifisch für Psychosen ist). Zu den Möglichkeiten, mit diesen Verzerrungen in der Therapie zu arbeiten, gehören die Sensibilisierung und Kennzeichnung (Normalisierung) sowie die Einführung von Techniken, um sie zu kompensieren, z.B. die bewusste Berücksichtigung anderer Informationen oder die Verlangsamung der Entscheidungsfindung. Diese Strategien sollten auch Teil von Verhaltensexperimenten werden, wenn Therapeut*innen die Person anleiten, alternative Erklärungen für ihre Erfahrungen zu finden, indem neue Informationen gesammelt werden. Es hat sich gezeigt, dass spezifische metakognitive Trainingspakete für Patient*innen mit Schizophrenie und verwandten Psychosen kognitive Verzerrungen, wahnhafte Überzeugungen und Stress reduzieren (Garety et al., 2020; Garety et al., 2021a; Moritz et al., 2011). Diese Materialien können in die einzelnen KVT-P-Sitzungen integriert werden (▶ Kapitel 7).

Negativsymptomatik: Die Planung von Aktivitäten, manchmal auch als Teil von Verhaltensexperimenten, kann eine sehr hilfreiche Intervention bei negativen Symptomen wie Apathie und Antriebsarmut sein. Darüber hinaus können Interventionen, die den Betroffenen helfen, wertvolle Ziele zu erreichen, auf ihre negativen Vorhersagen über künftige Leistungen und die Erwartung von Vergnügen abzielen, indem sie den Unterschied zwischen dem, was erwartet wird, und dem, was wahrscheinlich erlebt wird, ansprechen. Neue Ansätze aus der Mitgefühls- und Akzeptanztherapie und dem Gedächtnisspezifitätstraining für Depressionen haben vorläufige positive Auswirkungen auf die Aktivierung von positivem Affekt, die Verringerung von defätistischen Gedanken und die Steigerung der Hoffnung (White et al., 2012) sowie die Erzeugung positiver autobiografischer Erinnerungen im Zusammenhang mit persönlichen Zielen und dem Erleben entsprechender Emotionen gezeigt (Edwards et al., 2020). Bei einer frühen Psychose kann ein kombinierter Ansatz aus KVT-P und beruflichen Interventionen sowie Peer-Support-Gruppen oder -Aktivitäten ebenfalls die Verbesserung der Negativsymptome erzielen (▶ Kap. 7 für eine Beschreibung dieser Ansätze).

6. Rückfallmanagement:

Wie bei allen KVT-Therapien liegt der Schwerpunkt der Abschlusssitzungen auf einer therapeutischen Übersicht und einem Plan für die Zukunft, der die Fortschritte in der Therapie und die KVT-Strategien zur Aufrechterhaltung, Festigung oder Erweiterung der Fortschritte zusammenfasst. Es ist wichtig, dass Therapeut*innen gegen Ende der Therapie damit beginnen, zu erkennen, ob es Bedenken hinsichtlich der Beendigung der Therapie gibt, und vielleicht damit beginnen, die Häufigkeit der Sitzungen zu verringern, um Patient*innen die Möglichkeit zu geben, ihre Fähigkeiten zu üben. Im Rahmen der Normalisierung ist es wichtig zu erklären, dass Halluzinationen, Überzeugungen und Stimmungen im Laufe der Zeit schwanken können. Behandler*innen können versehentlich die Bedeutung von Halluzinationen oder wahnhaften Gedanken, die zurückkehren oder an Häufigkeit oder Intensität zunehmen, katastrophal bewerten (Gumley & Schwannauer, 2006), und Behandler*innen und Familien können risikoscheu sein, was den Fortschritt und das Vertrauen der Person behindern kann.

Im Rückfallpräventionsplan sollten Therapeut*innen auch Rückschläge normalisieren und für die Zukunft planen. Zu den Plänen gehören potenzielle Auslöser, frühe und spätere Warnzeichen für einen Rückfall (z. B. depressive Stimmung, sozialer Rückzug, Schlafstörungen oder Appetitlosigkeit) sowie Maßnahmen, die Patient*innen ergreifen können, indem sie die in der Therapie erlernten Fähigkeiten einsetzen und sich Unterstützung von anderen holen (z. B. Stressmanagement, Entspannungstechniken, Notfallkontakte, Überwachung des Cannabiskonsums). Gegen Ende der Therapie kann es sich lohnen, mit den Patient*innen, ihren Familien und anderen beteiligten Fachleuten über Ängste vor einem Rückfall zu sprechen. Zu diesem Zeitpunkt kann es sinnvoll sein, die Weitergabe des Rückfallplans zu besprechen. Die Beendigung der Therapie sollte auch ein Zeitpunkt sein, um zu feiern, was die Person erreicht hat, und um zu betonen, dass der Fortschritt auf ihre Bemühungen zurückzuführen ist.

6.4 Therapeutische Beziehung

Menschen mit einer frühen Psychose, insbesondere Jugendliche und junge Erwachsene, sind besonders anfällig für die öffentliche Stigmatisierung psychischer Erkrankungen, was möglicherweise dazu führt, dass sie ihre Probleme verheimlichen und sich nicht trauen, Hilfe zu suchen. Viele junge Menschen mit erster psychotischer Episode (oder einer kürzlich aufgetretenen Psychose) haben keine oder nur begrenzte Erfahrungen mit psychosozialen Angeboten oder Therapien. Die erste Aufgabe von Therapeut*innen (und des gesamten klinischen Teams) besteht darin, sie anzusprechen und einen sicheren Raum zu schaffen, in dem sie sich auf das einlassen können, was die Therapie von ihnen verlangt, und in dem sie sich motiviert genug fühlen, Veränderungen vorzunehmen. Therapeut*innen sollten ausdrücklich einen Überblick darüber geben, was eine Psychotherapie (und speziell die KVT-P) beinhaltet und was von ihnen verlangt wird, und sie dazu auffordern, darüber nachzudenken, was sie von der Therapie erwarten. Es ist empfehlenswert, eine klare, verständliche Sprache zu verwenden, um den strukturierten, kooperativen Ansatz und die Zielorientierung der Sitzungen hervorzuheben. Es ist von entscheidender Bedeutung, transparent zu sein, die Vertraulichkeit zu erläutern und die Zustimmung zur notwendigen Weitergabe von Informationen einzuholen, wenn Sicherheitsbedenken aufkommen. Dies trägt dazu bei, therapeutische Verstöße zu verhindern und schafft Vertrauen, dass Informationen nicht unnötig weitergegeben werden. Therapeut*innen sollten einen interaktiven therapeutischen Ansatz anbieten und flexibel mit den praktischen Aspekten der Termine umgehen (Byrne et al., 2020). Die Therapie im Freien (unter Berücksichtigung der Vertraulichkeit) kann eine größere gemeinsame Verantwortung für den Therapieraum und die Beziehung ermöglichen (Cooley et al., 2020).

6.5 Psychopharmakotherapie

Gemäß den klinischen Leitlinien sollte die Einleitung einer antipsychotischen Medikation im Rahmen einer ersten psychotischen Episode und nicht bei CHR erfolgen. Dies sollte in einer sicheren und unterstützenden Umgebung und unter der Aufsicht eines*einer Psychiaters*Psychiaterin geschehen. Die Gabe von Benzodiazepinen in diesem Prozess kann eine hilfreiche Zusatzmedikation zur Behandlung von Verhaltensproblemen sein (Arribas et al., 2022), wie wir an Leons Medikamentenverschreibung sehen. Mehrere Metaanalysen haben die Wirkung von Antipsychotika bei der Behandlung akuter psychotischer Episoden und bei der kurz- bis mittelfristigen Verringerung der Rückfallquote nachgewiesen (Correll et al., 2021; Leucht et al., 2021). Im Allgemeinen sind sowohl typische (erste Generation) als auch atypische (zweite Generation) Antipsychotika bei der Verbesserung positiver Symptome wirksam. Große klinische Studien und Metaanalysen bei Menschen mit erster psychotischer Episode haben jedoch einige Unterschiede zwischen antipsychotischen Medikamenten aufgezeigt. Darüber hinaus gibt es auch signifikante Unterschiede im Nebenwirkungsprofil der einzelnen Medikamente, und es gibt Hinweise darauf, dass Menschen mit erster psychotischer Episode eher empfindlich auf die Wirkungen von Medikamenten reagieren und auch anfälliger für Nebenwirkungen sind (Bertelsen et al., 2008). Aufgrund ihrer Vorteile bei der Behandlung von Negativsymptomen und der Verbesserung der kognitiven Leistungen werden antipsychotische Medikamente der zweiten Generation häufig den Medikamenten der ersten Generation vorgezogen (Alvarez-Jiménez et al., 2011; Leucht et al., 2012; Zhang et al., 2013). Eine sorgfältige Diskussion über die positiven Wirkungen und Nebenwirkungen der Medikamente sollte immer mit dem jungen Menschen und seinen Angehörigen oder Betreuer*innen geführt werden. Wann immer möglich, sollte ihre Meinung in den Entscheidungsprozess einbezogen werden (National Institute for Health and Care Excellence [NICE], 2013 und 2014). Zu den häufigen Nebenwirkungen atypischer Antipsychotika können Gewichtszunahme, sexuelle Nebenwirkungen und eine gestörte Glukosetoleranz gehören (▶ Kap. 7 für weitere Informationen zur medikamentösen Behandlung früher Psychosen).

6.6 Schwierige Situationen in der Therapie

Das Hören von Stimmen während der Sitzung: Stimmen können das Engagement behindern, indem sie Patient*innen ablenken, ihre Angst verstärken und ihnen sagen, dass sie dem oder der Therapeut*in nicht vertrauen sollen. Zu den zusätzlichen Strategien in solchen Situationen gehört es, den*der Pateinten*in um Erlaubnis zu bitten, schwierige Fragen zu formulieren, und als vereinbarte Ablenkungsstrategie kurz über Themen zu sprechen, die nichts mit der Therapie zu tun haben, oder ein Zeichen zu geben, um eine Pause einzulegen und die Kontrolle über die Sitzung wiederzuerlangen. Es ist hilfreich, sich auf Schwierigkeiten einzustellen, z. B., indem Bewältigungsstrategien für den Fall besprochen werden, dass die Stimmen nach den Sitzungen vorübergehend schlimmer werden. Es kann auch hilfreich sein, den Stimmen als Therapeut*in während der Therapiesitzungen Botschaften zu senden, z. B. »*Ich frage mich, ob es für Sie hilfreich wäre, den Stimmen zu sagen, dass unsere Sitzungen nicht dazu da sind, um sie loszuwerden, sondern beim Hören weniger Belastung zu erleben*«.

Ängste, die durch Wahnvorstellungen entstehen: Häufig befürchten Patient*innen, dass sie aufgrund ihrer Erfahrungen »verrückt« werden. Es ist sehr hilfreich, spezifisch darauf einzugehen und Rückversicherung zu geben, wenn danach gefragt oder dies mitgeteilt wird. Wenn eine Person fragt, ob sie »verrückt« ist, kann der*dieTherapeut*in direkt und durch Normalisierung und Anerkennung des Leidens der Person antworten: »*Es scheint mir, dass Sie gerade eine sehr schwierige Zeit durchmachen und versuchen, Ihre Erfahrungen zu verstehen und damit umzugehen*«. Speziell bei jungen Menschen ist es auch sehr wichtig, dass Therapeut*innen die Person und ihre Familie über einige stark stigmatisierende Mythen über Psychosen (z. B. »gewalttätig« oder »gefährlich« zu sein) aufklären. Auf Grundlage der Psychoedukation über die verschiedenen Stadien der Psychose und eines positiven Ansatzes für die Genesung kann auch eine Beruhigung in Bezug auf die Notwendigkeit einer erneuten Einweisung in ein Krankenhaus erreicht werden. Speziell bei Personen mit CHR oder erster psychotischer Episode ist es wichtig, sich darüber im Klaren zu sein, dass der junge Mensch nicht notwendigerweise lebenslang Dienstleistungen benötigen oder für immer Medikamente einnehmen müssen wird (auch wenn dies bei einer kleinen Gruppe der Fall sein könnte).

*Misstrauen gegenüber Therapeut*innen:* Es ist wichtig, während der Sitzungen nach wahnhaften Überzeugungen über den*die Therapeuten*in und nach Fehlinterpretationen der Absichten und Bedeutungen des Therapeuten oder der Therapeutin zu suchen und diese gemeinsam zu bearbeiten. Leon könnte zum Beispiel misstrauisch werden, wenn der*die Therapeut*in über ihn lacht oder »glaubt«, was die Stimmen sagen. Der*die Therapeut*in sollte sensibel für Affektverschiebungen während der Sitzungen oder Veränderungen in der Offenheit des Patienten oder der Patientin sein und aktiv nach den Gefühlen und Gedanken der Person fragen, um bei Bedarf Feedback zu geben. Wenn dies zum Beispiel bei Leon in der Therapie beobachtet wird, könnte der*die Therapeut*in sagen: ›*Sie sehen auf einmal ziemlich ängstlich aus. Fühlen Sie sich so?... Ist Ihnen etwas durch den Kopf gegangen, bevor Sie sich so gefühlt haben? Ist etwas passiert?*‹.

Mangelndes Vertrauen in psychosoziale Dienste: Einigen Patient*innen fällt es schwer, Mitbehandler*innen zu vertrauen, insbesondere wenn sie in der Vergangenheit traumatische Erfahrungen gemacht haben, als sie ins Krankenhaus eingeliefert wurden oder als sie ihre Schwierigkeiten mitteilten (Berry et al., 2015). Therapeut*innen sind in der Regel Teil der gleichen Gesundheitsdienste und können daher eine Institution repräsentieren, der misstraut wird. Um das Misstrauen gegenüber den Mitbehandelnden zu überwinden, ist es wichtig, dass sich die Therapeut*innen über ihre Absichten und Fähigkeiten als Therapeut*innen im Klaren sind, insbesondere darüber, dass sich die KVT-P auf die Ziele der Person für ihr Leben und ihr Wohlbefinden konzentriert und nicht auf die Beendigung der Symptome (z. B. auditive Halluzinationen oder Verfolgungsideen).

6.7 Therapiemanuale für frühe Psychosen

Spezifische KVT-P-Manuale für frühe Psychosen sind rar; die am häufigsten verwendeten KVTp-P-Manuale sind diejenigen, die sich auf die erwachsene Bevölkerung konzentrieren. Hier gibt es drei empfohlene Handbücher:

CBT for those at Risk of a First Episode of Psychosis – Evidence-based psychotherapy for people with an »At Risk Mental State« (van der Gaag, Nieman, van den Berg, 2013): Dieses Manual beschreibt detailliert eine KVT-Intervention, die auf psychoseähnliche Symptome im Kontext der CHR-Phase abzielt. Es basiert auf der Intervention, die in einer großen randomisierten kontrollierten Studie (RCT) in den Niederlanden getestet wurde (van der Gaag et al., 2012). Es enthält eine umfassende Anleitung mit klinisch relevanten Informationen über psychologische Prozesse im Zusammenhang mit der frühen Psychose, einen detaillierten Überblick und praktische Beispiele, wie Psychoedukation über präpsychotische Symptome angeboten werden kann, sowie Interventionen, die den Betroffenen in der CHR-Phase helfen, ihre Erfahrungen besser zu bewältigen.

Cognitive Behavioural Therapy for Psychosis: a formulation-based approach (Morrison, Renton, Dunn, Williams, & Bentall, 2004): Das Handbuch bietet Therapeut*innen ein umfassendes Modell, das auf Patient*innen mit Schizophrenie und psychoseähnlichen Störungen angewendet werden kann (wie die in diesem Buch beschriebenen KVT-Modelle). Es soll Therapeut*innen bei der Entwicklung eines klinischen, individuellen Erklärungsmodells und eines Interventionsplans helfen. Es hebt auch die potenziellen Schwierigkeiten hervor, die bei der Arbeit mit Patient*innen auftreten können, und stellt einige Strategien zur Bewältigung dieser zur Verfügung. Das Buch enthält praktische Beispiele für kognitive und verhaltensbezogene Übungen (und Hausaufgaben). Mehrere RCTs haben eine gute Wirksamkeit des Manuals bei Patient*innen mit Schizophrenie und verwandten Psychosen nahegelegt (Morrison, 2017).

Kognitive Verhaltenstherapie der Schizophrenie: ein individuenzentrierter Ansatz (Lincoln, 2019): Die aktualisierte Fassung dieses 2006 in erster Auflage erschienenen (und 2014 in zweiter Auflage vorliegenden) Manuals bietet eine praxisorientierte Darstellung kognitiver und verhaltenstherapeutischer Interventionen für die Behandlung von Menschen mit Schizophrenie und psychosebedingten Störungen im ambulanten und stationären Setting. Das wahrscheinlich vollständigste klinische Handbuch, das bisher in deutscher Sprache veröffentlicht wurde, bietet auch eine kurze Einführung in klinische Symptome, Klassifikation, Epidemiologie und Diagnose sowie einen aktuellen Einblick in die Forschung über die psychologischen Mechanismen, die an der Entstehung und Aufrechterhaltung von Psychosen beteiligt sind. Es enthält auch eine CD-ROM mit relevantem klinischem Material (einschließlich Übersetzungen der englischsprachigen Fragebögen).

6.8 Überprüfung der Lernziele

- Bei KVT-P-Interventionen ist u. a. die Konzentration auf Bewertungen zentral. Worauf kommt es dabei in der Behandlung von Psychosen an?
- Wie sähe für Leon ein Erklärungsmodell für die Erfahrung des Stimmenhörens aus?
- Warum ist das Normalisieren von Erfahrungen im Rahmen der Psychoedukation sinnvoll und was können Sie als Behandler*in tun, um die Erfahrungen von Betroffenen zu normalisieren?

7 Psychotherapieforschung

> **Fallbeispiel**
>
> David ist 16 Jahre alt. Er besucht die zehnte Klasse zum zweiten Mal. Seine Eltern lassen sich gerade scheiden, und es wird vor Gericht über das Sorgerecht für die Kinder entschieden. Seit er im letzten Jahr angefangen hat, das Internetspiel *World of Warcraft* zu spielen, fehlt er im Unterricht und seine Noten sind schlechter geworden. David geht an den Wochenenden nicht aus und zieht es vor, nicht allein nach draußen zu gehen (aber er ist in der Lage, es zu tun). Davids Mutter fand ihn vor ein paar Monaten zitternd in der Küche. Er sagte, er habe Angst, verrückt zu werden, und erzählte seiner Mutter, er habe das Gefühl, dass ihn in der Schule alle beobachten. Von der dritten bis zur sechsten Klasse der Grundschule wurde er stark schikaniert. David fühlt sich draußen und in der Schule oft ängstlich. Manchmal denkt er, dass ihm jemand etwas antun will. Er vermeidet es, allein auf die Straße zu gehen. Wenn er es doch tut, sucht er die Umgebung nach Personen ab, die eine Bedrohung darstellen könnten. David hält fast jeden in seinem Alter oder älter für verdächtig. Er hat Angst, dass seine Klassenkamerad*innen heimlich über ihn reden und lachen. Deshalb sitzt er im hinteren Teil des Klassenzimmers und versucht, alles im Blick zu behalten. David sagt, er wisse, dass das, was er denke, nicht realistisch sei, so dass er sich bis zu einem gewissen Grad von negativen Gedanken distanzieren könne. In den letzten Monaten hat David manchmal gehört, wie sein Name in der Schule oder zu Hause gerufen wurde. Wenn er nachschaut, ob ihn jemand gerufen hat, ist meist niemand da. David hat noch nie Drogen genommen und trinkt nur sporadisch Alkohol.

Lernziele

- Sie können entscheiden, was sie als Therapeut*in im Fallbeispiel von David anbieten und/oder empfehlen würden.
- Sie kennen das Konzept der Transitionspsychiatrie/-psychotherapie und können den Bereich beschreiben
- Sie können zentrale empfohlene und evidenzbasierte Psychotherapien für CHR und frühe Psychosen, auch basierend auf der S3-Leitlinie, benennen und beschreiben.

7.1 Therapie von frühen Psychosen

Junge Menschen zögern sehr oft, eine professionelle psychische Gesundheitsversorgung in Anspruch zu nehmen. Wahrscheinlich haben sie auch nur unzureichenden Zugang zu Ressourcen und Behandlung, obwohl es sich hier um eine Gruppe handelt, bei der ein frühzeitiges Eingreifen langfristig wahrscheinlich zu einer Verringerung des Schweregrads der Symptome und geringeren Funktionseinschränkungen führen würde. Wahrgenommene Stigmatisierung und Scham, mangelndes Verständnis und Anerkennung von Symptomen, die Bevorzugung von Selbsthilfe und mangelnde Zugänglichkeit wurden als Haupthindernisse für die Inanspruchnahme von psychosozialer Hilfe durch junge Menschen ermittelt (Gulliver, Griffiths, & Christensen, 2010). In den letzten zwei Jahrzehnten hat es weltweit eine Bewegung gegeben, die darauf abzielt, psychotische Störungen oder Risikostadien so früh wie möglich zu erkennen und zu behandeln. Da eine Psychose in der Regel in der späten Jugend oder im frühen Erwachsenenalter beginnt, kann ihr Ausbruch viele der Entwicklungsaufgaben, die junge Erwachsene zu diesem Zeitpunkt zu bewältigen versuchen, erschweren oder beeinträchtigen (z. B. die Teilnahme an einer weiterführenden und/oder höheren Ausbildung, die Pflege sozialer Beziehungen in der Familie oder die Entwicklung von Interessen und Hobbys). Wenn ein junger Mensch eine Psychose entwickelt, gerät er oft in Konflikt mit Gleichaltrigen, wird sozial isoliert, hat eine veränderte Selbstwahrnehmung und ist nicht in der Lage, eine Ausbildung abzuschließen. Das Scheitern oder die Schwierigkeiten bei der Bewältigung dieser Entwicklungsaufgaben sowie etwaige Erfahrungen mit Stigmatisierung haben über die Psychose selbst hinaus erhebliche Auswirkungen auf den jungen Menschen (Addington, 2007).

Der Begriff »Transitionspsychiatrie« beschreibt den Bereich innerhalb der Psychiatrie, der sich mit der Behandlung von Jugendlichen im Alter zwischen 14 und 25 Jahren beschäftigt. Sie versteht sich als Schnittstelle zwischen der Kinder- und Jugendpsychiatrie (KJPP) und der Erwachsenenpsychiatrie, als *missing link* im Übergang zum Erwachsenenleben (Höflich, Schrank, & Aigner, 2022). Um einen erfolgreichen Übergang von jugendlichen Patient*innen ins Erwachsenenalter zu ermöglichen, gibt es eine Reihe von Empfehlungen, die auf der Arbeitsgruppe »Task Force Transitionspsychiatrie – Störungsbereich Psychosen« (Karow et al., 2019), und auch auf der Grundlage der von Bertolote und McGorry (2005) erarbeiteten Werte und Visionen basieren:

1. Frühzeitige Hilfe im eigenen Umfeld ermöglicht es, soziale Beziehungen aufrechtzuerhalten und das Funktionsniveau zu verbessern. Es ist notwendig, Angehörige und andere Bezugspersonen frühzeitig und umfassend einzubeziehen. Für diejenigen, die zusätzlich professionelle psychotherapeutische Hilfe in Anspruch nehmen wollen, ist ein geeignetes Setting und eine einfühlsame Psychoedukation der Betroffenen und ihrer Angehörigen unerlässlich. Im Einzelfall kann auch eine Einweisung in das bestehende deutsche psychiatrische Versorgungssystem kontraindiziert sein (vor allem, wenn keine akuten klinischen Symptome oder Gefährdungen vorliegen), so dass Leistungen der Früherken-

nung und Frühintervention bei Psychosen im besten Fall auch ambulant oder aufsuchend angeboten werden müssen.
2. Fachkräfte in den Frühinterventionsdiensten (*Early Intervention Services*, EIS) arbeiten in bevölkerungsbasierten Netzwerken zur Früherkennung und Behandlung zusammen, wobei das Personal über Diagnosen, Altersgruppen und Fachgebiete hinweg in ambulanten und stationären Einrichtungen kooperiert. Dadurch wird ein erfolgreicher Übergang auf strukturierte, umfassende, patient*innenorientierte und flexible Weise ermöglicht und Fehl- sowie Unterversorgung verhindert.
3. Anforderungen zur Optimierung der Übergangsphase:
    a. Einführung von Maßnahmen zur Verbesserung des Wissensstands und zur Verringerung der Stigmatisierung in der Zielpopulation, Aufbau eines bevölkerungsbasierten Netzwerks mit definierten Früherkennungspfaden und Implementierung von aufsuchenden EIS in das reguläre Versorgungssystem (Karow et al., 2013; McGorry, Bates, & Birchwood, 2013), um einen erfolgreichen Übergang auf strukturierte, umfassende, patient*innenorientierte und flexible Weise zu ermöglichen (Leopold et al., 2015).
    b. Auf struktureller Ebene sollten die Versorgungsstrukturen teambasierte Modelle der intensiven und aufsuchenden Behandlung, Früherkennungsdienste, Peer-to-Peer-Beratung, ein Netzwerk sozialpsychiatrischer Dienste wie unterstützte Beschäftigung und Bildung, Wohnen sowie Kooperationen zur Prävention und Behandlung somatischer Erkrankungen und ambulante Psychotherapie umfassen. Erfolgreiche Modelle der intensiven und aufsuchenden Behandlung sind nach internationalen Erkenntnissen Assertive Community Treatment (ACT), Crisis Resolution and Home Treatment (CRHT), und Community Mental Health Teams (CMHT) (Lambert, et al., 2010a; Murphy et al., 2015; Schöttle et al., 2019).
    c. Entwicklung und Umsetzung digitaler Behandlungsformen, die Patient*innen, Angehörigen und Fachkräften einen umfassenden Zugang zu evidenzbasierter Versorgung auch in ländlichen Gebieten ermöglichen, sowie eine bessere sektorübergreifende Zusammenarbeit und Vernetzung (Telemedizin, e-mental health services, Online-Therapieräume) (▶ Kap. 8).

Da in den ersten fünf Jahren nach Ausbruch der Erkrankung der maximale Grad der Beeinträchtigung erreicht wird (auch als »kritischer Zeitraum« bezeichnet), muss auch die Behandlungsdauer junger Menschen mit Psychose berücksichtigt werden (Griffiths et al., 2022). Die Forschung hat gezeigt, dass die Ergebnisse am Ende der spezialisierten Interventionen für die erste Psychoseepisode zwar besser sind, der größte Teil dieses Gewinns aber nach ein paar Jahren in den allgemeinen psychiatrischen Diensten für Erwachsene wieder verloren geht (Fowler et al., 2009).

7.2 Evidenzbasierte Psychotherapien für frühe Psychosen

Klinische Leitlinien empfehlen, dass psychologische Interventionen in Verbindung mit antipsychotischer Medikation sowohl Menschen mit einer ersten psychotischen Episode wie auch Menschen mit einer etablierten Psychose-Diagnose angeboten werden sollte (National Institute for Health and Care Excellence (NICE, 2013), und S3-Leitlinie Schizophrenie (DGPPN, 2019). Es gibt jedoch nur wenige Belege für die Wirksamkeit oder Akzeptanz psychologischer Therapien für Jugendliche mit Psychose (NICE, 2013). Die Hauptempfehlung der S3-Leitlinie Schizophrenie in Deutschland lautet, mit Psychoedukation und Überwachung des Einzelnen fortzufahren und erst dann eine medikamentöse Behandlung einzuleiten, wenn der Übergang zur Psychose vollständig erfolgt ist. Vorläufige Studien und Fallstudien bei jungen Menschen mit belastenden psychoseähnlichen Symptomen deuten jedoch darauf hin, dass eine kognitive Verhaltenstherapie für Psychosen (KVT-P) und eine Familienintervention (FI) das psychosoziale Funktionieren verbessern können (Browning et al., 2013; Jolley et al., 2018). Möglicherweise sind Anpassungen erforderlich, um die Zurückhaltung junger Menschen bei der Suche nach Hilfe und der Teilnahme an einer psychologischen Behandlung (Radez et al., 2021) sowie die skeptischen Vorurteile von Kliniker*innen hinsichtlich der Fähigkeit dieser Bevölkerungsgruppe, sich auf eine strukturierte Gesprächstherapie einzulassen, zu berücksichtigen (Byrne et al., 2020) (▶ Tab. 7.1).

Tab. 7.1: Zusammenfassung der empfohlenen evidenzbasierten Psychotherapien für *Clinical High Risk* (CHR) und erste psychotische Episode (Addington et al., 2021).

Clinical High Risk	erste psychotische Episode
klinische Überwachung	antipsychotische Medikation
Psychoedukation und Normalisierung	Psychoedukation und Normalisierung
kognitive Verhaltenstherapie	kognitive Verhaltenstherapie
Familienarbeit	familiäre Interventionen
Peer Beratung	*Cognitive Remediation*
	Unterstützung für Bildung und Beschäftigung

7.2.1 Psychoedukation und Normalisieren

Im Kontext früher Psychosen bedeutet Normalisierung, dass psychotische Erfahrungen durch normale psychologische Prozesse (wie Dissoziation, Denkprozesse, angstbezogene Prozesse) und die Auswirkungen negativer Lebensereignisse verständlich gemacht werden. Sie bezieht sich auch auf das Kontinuum psychotischer Erfahrungen in der Allgemeinbevölkerung und das Wissen, dass diese Erfahrungen Teil der normalen menschlichen Erfahrung sind und in einigen kulturellen Gruppen geschätzt werden (▶ Kap. 2 und ▶ Kap. 5). Ein normalisierender Ansatz ist hilfreich, wenn es darum geht, belastende psychotische Erfahrungen mit Patient*innen zu verstehen und aufzuarbeiten. Psychoedukation über die Prävalenz dieser Erfahrungen weltweit und in Situationen extremen Stresses, eines Trauerfalls oder Schlaf-/sensorischer Deprivation kann dazu beitragen, die Erfahrung zu normalisieren. Zusammen mit dem Herstellen von Verbindungen zur persönlichen Geschichte der Person, insbesondere zu früheren Erfahrungen von Trauma und Viktimisierung, kann dies helfen, besser zu verstehen, warum die Person diese Symptome haben könnte. Normalisierung ist auch dann wichtig, wenn der junge Mensch befürchtet, »verrückt« zu sein, und problematische Bewertungen hat, wie z. B. abnormal zu sein, Angst vor Kontrollverlust oder geringe Erwartungen an die Genesung. Persönliche Berichte von Menschen mit ähnlichen Erfahrungen (mit oder ohne Behandlungsbedürftigkeit), insbesondere Geschichten von erfolgreicher Bewältigung und persönliche Berichte von anderen jungen Menschen, Prominenten oder Sportler*innen (siehe z. B. den TED-Talk von Dr. Eleanor Longden) können sehr hilfreich sein. Zu den Schlüsselbotschaften für Patient*innen gehören: »*Sie sind nicht verrückt*«, »*Sie sind nicht allein*« und »*Sie können ein erfülltes Leben führen*«. Ein sensibler Umgang mit den Erfahrungen und Leiden der Patient*innen ist wichtig, um ihre Erfahrungen nicht zu bagatellisieren und eine gute Rückmeldung darüber zu erhalten, was sie daraus für sich schließen.

> **Psychoedukation**
>
> Psychoedukation dient dem Zweck, dass die an einer Psychose leidenden Person (und/oder ihre Familie) über ihre Störung und deren Behandlung aufgeklärt wird. Psychoedukation ist ein notwendiger Prozess, um es der Person zu ermöglichen, sich so weit wie möglich an Entscheidungen über ihre eigene Behandlung zu beteiligen, die in dem jeweiligen Stadium der Erkrankung bestmöglich ist. In den deutschen S3-Leitlinien hat Psychoedukation einen Empfehlungsgrad A. Psychoedukation und Normalisierung können die Generierung alternativer Erklärungen für die Erlebnisse erleichtern, die womöglich weniger belastend sind als die Erklärung, die die Person zu Beginn der psychotherapeutischen Zusammenarbeit hatte. Beide Komponenten werden oft als Teil eines Behandlungsplans aufgefasst.

Während der ersten psychotischen Episode zeigt sich, dass Psychoedukation zu viel besseren Ergebnissen führt, u. a. führt sie zu einer höheren Therapie-Adhärenz, einem besseren Umgang mit Rückfällen, niedrigeren Wiedereinweisungsraten und einer positiven Wirkung auf das allgemeine Wohlbefinden der Person (Alvarez-Jiménez et al., 2011). Inwieweit Jugendlichen in der *Clinical High Risk* (CHR) im Rahmen ihrer Behandlung Psychoedukation angeboten wird und inwiefern diese im Kontext des erhöhten Risikos (d. h. ohne formale Diagnose) erfolgt, ist noch wenig erforscht und bedarf weiterer Untersuchungen (Herrera et al., 2023).

7.2.2 Klinische Überwachung

Die regelmäßige Untersuchung und Überwachung der Symptome ist zu einer Form der Intervention geworden, die über die umfassende Bewertung und Psychoedukation hinausgeht. Die klinische Untersuchung sollte unter Verwendung eines strukturierten und validierten Bewertungsinstruments und in jedem Stadium der Psychose durchgeführt werden (▶ Kap. 4). Einem kürzlich veröffentlichten Review zur Folge war die klinische Überwachung die am häufigsten von klinischen Anlaufstellen genutzte nicht-pharmakologische Intervention. In der gleichen Übersichtsarbeit wird die Überwachung als eines der wesentlichen Elemente für die präventive Behandlung (d. h. Vermeidung des Übergangs zu einer klinisch relevanten Psychose und sozialer Beeinträchtigung) genannt, wobei darauf hingewiesen wird, wie wichtig es ist, Menschen in der CHR in die ambulanten Dienste des psychischen Gesundheitssystems einzubinden (Salazar de Pablo et al., 2021b). Häufigkeit und Dauer der Überwachung sollten auf der Grundlage des Schweregrads und der Häufigkeit der Symptome oder Erfahrungen sowie des Ausmaßes der damit verbundenen Belastungen und Beeinträchtigungen (einschließlich Schwierigkeiten innerhalb der Familie) festgelegt werden (NICE, 2013, 2014). Zusätzlich zu eigen- und fremdanamnestischen Berichten der Person und Familie könnten auch Berichte von Lehrer*innen hilfreich bei der Identifizierung von Risiken sein. Der Einbezug von Schulen bei der Identifizierung und Überwachung junger Menschen in einer möglichen CHR ist deshalb besonders wertvoll (Tsuji et al., 2013).

7.2.3 Kognitive Verhaltenstherapie bei Psychose (KVT-P)

Die kognitive Verhaltenstherapie für Psychosen (KVT-P) wird in der deutschen S3-Leitlinie für Schizophrenie und Psychosen zur Behandlung von CHR, erster psychotischer Episode und manifestierten Psychosen empfohlen (DGPPN, 2019). Der kooperative Charakter der KVT-P, der darin besteht, dass sie problemorientiert ist und auf gemeinsame Ziele hinarbeitet, könnte sie für junge Menschen akzeptabler machen, da sie häufig psychologische Interventionen bevorzugen (Addington & Addington, 2005). Wie oben erläutert (▶ Kap. 5), geht das KVT-P-Modell davon aus, dass belastende Lebensereignisse in der Kindheit zur Entwicklung grundlegender Überzeugungen über das Selbst, die Welt und andere führen, und dass die Psychose durch bedrohungsbasierte Kognitionen, Verhaltensweisen, Emotionen und physiologische Reaktionen aufrechterhalten wird (Garety et al., 2001; Morrison, 2001). Die Evidenzbasis für die KVT-P ist in den letzten 25 Jahren erheblich gewachsen, und es gibt inzwischen über 60 randomisierte kontrollierte Studien (RCTs), die ihre Wirksamkeit untersucht haben (Burns et al., 2014; Turner et al., 2020; Turner et al., 2014). Es besteht ein Konsens darüber, dass die KVT-P eine wirksame Therapie für eine Reihe von wichtigen therapeutischen Veränderungen ist und kleine bis mittlere Effektstärken aufweist (Bighelli et al., 2018; Wykes et al., 2008). Dies wurde auch in einer kürzlich durchgeführten systematischen Überprüfung festgestellt, bei der individuelle Patient*innendaten aus 23 RCTs untersucht wurden (Turner et al., 2020). Es gibt Hinweise darauf, dass die KVT-P eine höhere Wirksamkeit für CHR-Gruppen und Gruppen von Personen mit erster psychotischer Episode hat als für Gruppen mit schweren und persistierenden Erscheinungsformen (siehe z. B. van der Gaag et al., 2013). Entwicklungen haben gezeigt, dass die KVT-P im Vergleich zur antipsychotischen Medikation in einer Stichprobe mit erster Episode eine durchführbare und akzeptable Behandlung ist (Morrison et al., 2020). Neuere symptomorientierte und interventionistisch-kausale Ansätze, bei denen es sich um informative Forschungsstrategien zur Bewertung der Wirksamkeit einzelner Komponenten oder Mechanismen der allgemeinen KVT-P handelt, zeigen vielversprechende Ergebnisse für die Behandlung von Wahnvorstellungen und Halluzinationen (Lincoln & Peters, 2019; ▶ Kap. 8).

7.2.4 Cognitive Remediation

Cognitive Remediation (CR) ist eine evidenzbasierte, erholungsorientierte, auf Verhaltenstraining basierende Intervention, »die darauf abzielt, kognitive Prozesse (Aufmerksamkeit, Gedächtnis, Exekutivfunktion, soziale Kognition oder Metakognition) mit dem Ziel der Dauerhaftigkeit und Generalisierung zu verbessern« (Wykes et al., 2011). Im Gegensatz zu KVT-Ansätzen, die sich auf den Inhalt, die Form und den damit verbundenen Leidensdruck von Gedanken, Überzeugungen und anderen Erfahrungen konzentrieren, zielt CR auf die neuropsychologischen Fähigkeiten ab, die dem Denken zugrunde liegen. Während ein breites Spektrum neuropsychologischer und sozialer kognitiver Defizite angesprochen werden kann, konzentriert sich CR bei Psychosen zunehmend auf die Defizite, die am stärksten zu sozialer Dysfunktion führen (d. h. Aufmerksamkeit, Gedächtnis, Exekutivfunktionen, einschließlich Entscheidungsfindung und Denkprozesse). Ein in Deutschland weit verbreitetes CR-basiertes Programm, das auch Kernelemente der KVT enthält, ist das computergestützte Metakognitive Training (MCT), das von Moritz und Kollegen in Hamburg entwickelt wurde (Moritz et al., 2011). Eine kürzlich durchgeführte Metaanalyse zur Wirksamkeit von CR hat signifikante, kleine bis mäßige Effekte in verschiedenen kognitiven Bereichen (z. B. Gedächtnis, Aufmerksamkeit, Verarbeitungsgeschwindigkeit) und signifikante, aber geringe Verbesserungen des Funktionsniveaus gezeigt (Lejeune et al., 2021). Frühere Metaanalysen zeigten auch signifikante, kleine Auswirkungen auf die Symptomatik (Wykes et al., 2011). Obwohl CR derzeit in den deutschen und internationalen klinischen Leitlinien (NICE, 2014; DGPPN, 2019) empfohlen wird, ist die unterstützende Evidenz für CR bei CHR und erster psychotischer Episode eher begrenzt und verdient weitere Forschung (Glenthøj et al., 2017; Miley et al., 2020).

7.2.5 Familieninterventionen (FI)

Familien spielen eine Schlüsselrolle im Genesungsprozess der Betroffenen, insbesondere in den frühen Stadien der Erkrankung, wenn zum ersten Mal Hilfe in Anspruch genommen wird. Familien leisten langfristige Pflege und kontinuierliche Unterstützung für Menschen mit einer Psychose, wobei ein hoher Anteil der

Patient*innen weiterhin oder wieder bei ihren Angehörigen lebt (Hahlweg & Baucom, 2023). Die Rolle als Pflegeperson ist oft schwierig und hat einen erheblichen Einfluss auf die eigene psychische Gesundheit (Kuipers et al., 2010). Die Pflege ist oft mit hohem Leidensdruck und wahrgenommener Belastung sowie mit Gefühlen von Verwirrung, Schuld, Scham und Erschöpfung verbunden (Onwumere et al., 2016). Es wurde festgestellt, dass dieses Ausmaß an Stress und Belastung bei pflegenden Angehörigen von Menschen mit erster psychotischer Episode größer ist als bei Menschen in späteren Stadien der Erkrankung (Estradé et al., 2023). Die Faktoren, die sich auf die Reaktionen der Angehörigen auf die Krankheit auswirken, hängen nicht nur mit den familiären Prozessen zusammen, sondern auch mit den Erfahrungen bei der Hilfesuche. Angehörige können sich vom Konsultationsprozess zwischen Ärzt*inund Patient*in ausgeschlossen fühlen und erleben, dass Fachkräfte des Gesundheitswesens ihnen gegenüber eine negative Haltung einnehmen. Psychosoziale Fachkräfte sind dafür kritisiert worden, dass sie die Bedeutung einer klaren und unvoreingenommenen Vermittlung einer Psychose-Diagnose unterschätzen, insbesondere dass sie urteilend statt unterstützend und einfühlsam gegenüber den Patient*innen und den Angehörigen sind (Outram et al., 2015). In klinischen Leitlinien werden Familieninterventionen insbesondere für Familien von Menschen mit einer ersten psychotischen Episode empfohlen, da frühe Stadien der Psychose häufig zu einem Zeitpunkt auftreten, zu dem viele junge Menschen noch im Elternhaus leben. Die deutsche S3-Leitlinie für Schizophrenie gibt FIs den höchsten Empfehlungsgrad. Sie empfiehlt die Einführung von FIs während der ersten Psychose-Episode, in akuten Phasen sowie in der Remissionsphase, insbesondere wenn die von der Psychose betroffene Person bei ihrer Familie lebt oder engen Kontakt zu ihr pflegt. Einer der zentralen Bestandteile von FIs ist die Psychoedukation, die Informationen über die Störung, Frühwarnzeichen und Rückfallprävention umfasst (Chan et al., 2019).

Familieninterventionen

Familieninterventionen (FI) umfassen in der Regel Techniken zur Stressreduzierung und emotionalen Verarbeitung, kognitiven Aufarbeitung und strukturierten Problemlösung (Caqueo-Urízar et al., 2015). Ihr Ziel ist es, das Verständnis der Pflegenden für die Psychose, ihre Kommunikationsfähigkeiten, ihre Bewältigungsstrategien und ihre Problemlösungsfähigkeit zu verbessern. FI können in einem Einzel- oder Mehrfamiliensetting durchgeführt werden (Harvey, 2018), wobei das Gruppensetting den zusätzlichen Effekt hat, die gegenseitige Unterstützung zu fördern und gleichzeitig der Isolation der Pflegenden entgegenzuwirken (Sin et al., 2019).

7.2.6 Peer-Beratung

Bei der Peer-Beratung geht es darum, dass eine oder mehrere Personen, die bereits an einer psychischen Erkrankung leiden und bei denen sich der psychische Zustand deutlich gebessert hat, anderen Menschen mit schweren psychischen Erkrankungen, die in ihrem eigenen Genesungsprozess noch nicht so weit fortgeschritten sind, Dienstleistungen und/oder Unterstützung anbieten. Die Peer-Beratung basiert auf der Überzeugung, dass Menschen, die mit Widrigkeiten konfrontiert sind (die sie erlebt, ertragen und überwunden haben), anderen, die sich in einer ähnlichen Situation befinden, nützliche Unterstützung, Ermutigung, Hoffnung und vielleicht Mentor*innenschaft bieten können (Davidson et al., 2006). Es ist wichtig, dass die Peer-Unterstützung auf Gegenseitigkeit beruht, nicht-direktiv ist, sich auf die Genesung konzentriert, auf Stärken basiert, progressiv und sicher ist (Repper & Carter, 2011). In den letzten Jahren haben Interventionen, die von Peer-Unterstützer*innen durchgeführt werden, an Popularität gewonnen und wurden in politische Leitlinien aufgenommen (Stubbs et al., 2016).

Hierzulande ist das Früherkennungs- & Therapiezentrum für psychische Krisen (FETZ) ein etabliertes ambulantes Programm, das eine Kurzzeit-Gruppentherapie als Teil seines Therapieangebots für Menschen mit CHR anbietet (Bechdolf et al., 2006; Schultze-Lutter et al., 2008, 2009). Der Ansatz verwendet ein breites Spektrum an didaktischen und kognitiv-verhaltenstherapeutischen Strategien und zielt darauf ab, das globale und soziale Funktionieren des jungen Menschen zu verbessern (siehe Liste der FETZ-Dienste in Deutschland hier https://www.psychose-frueh erkennung.de/weitere_zentren_in_deutschland/).

7.2.7 Unterstützung für Bildung und Beschäftigung (*Educational and Employment Support*, SEE)

Da der Ausbruch der Psychose meist in eine wichtige Phase der beruflichen Entwicklung fällt, besteht bei Menschen mit früher Psychose eine hohe Wahrscheinlichkeit, dass sie entweder keine Ausbildung abschließen, diese auf einem niedrigeren Niveau als ihre Altersgenossen abschließen, oder dass sie keinen Arbeitsplatz finden oder behalten. Obwohl sie gerne arbeiten würden, sind über 40% der Menschen mit erster psychotischer Episode arbeitslos (Killackey et al., 2008). Arbeitslosigkeit geht häufig auch mit einer zunehmenden Ausgrenzung, schlechterem gesundheitlichen Zustand, einem geringeren Selbstwertgefühl und erhöhtem Drogenmissbrauch einher (Baksheev et al., 2012). Daher sind Beschäftigung und Bildung (Marker der funktionalen Genesung) ein wichtiger Weg zurück zu anderen Funktionsbereichen und werden als ebenso wichtig wie die symptomatische Genesung anerkannt.

Das Verfahren der beruflichen Wiedereingliederung, das am meisten durch empirische Belege gestützt wird, wird als »unterstützte Beschäftigung« bezeichnet, wobei die am besten definierte evidenzbasierte Praxis als »individuelle Vermittlung und Unterstützung« (*Individual Placement and Support*, IPS) bezeichnet wird. Das IPS-Modell konzentriert sich auf die Erlangung einer wettbewerbsfähigen Arbeit durch die Verbesserung der Funktionsfähigkeit und die berufliche Erholung von Menschen mit früher Psychose (Bond et al., 2016). Da sich viele Jugendliche oder junge Erwachsene mit früher Psychose noch in der Sekundarstufe befinden, wird das IPS-Modell erweitert, um eine reguläre Ausbildung zu erreichen: *Supported Employment and Education* – SEE. Der Ansatz unterscheidet sich von Sozialfirmen oder -unternehmen, die lediglich eingerichtet werden, um Menschen, die normalerweise aufgrund von Krankheit oder Behinderung vom Arbeitsmarkt ausgeschlossen sind, eine Beschäftigung zu bieten. Die IPS verwendet einen stärkenbasierten Ansatz, indem sie auf die Fähigkeiten, Talente, Interessen und früheren Erfahrungen der Person zurückgreift. Obwohl der IPS-Spezialist, der für den Ansatz geschult ist, die Führung bei der Bereitstellung von Beschäftigungs- und Bildungsunterstützung für den Einzelnen übernimmt, unterstützen andere Mitglieder des koordinierten Fachpflegeteams die Bemühungen des Teilnehmenden für den Aufbau einer beruflichen Laufbahn. Mehrere RCTs haben die Wirksamkeit des IPS-Modells nachgewiesen (siehe z. B. Killackey et al., 2019; Nuechterlein et al., 2020), und es wird derzeit in den deutschen und internationalen klinischen Leitlinien empfohlen (NICE, 2013; DGPPN, 2019). Derzeit läuft in Deutschland (Berlin) eine große klinische Studie, die neue Erkenntnisse über die Wirksamkeit des SEE-Modells bei jungen Erwachsenen (16 bis 35 Jahre) mit früher Psychose liefern wird (Jäckel et al., 2023).

7.3 Rückfallprophylaxe

Die Rückfallquoten bei Menschen mit Psychosen sind hoch: Schätzungen zufolge erleiden 80–90 % der Menschen, die eine erste psychotische Episode erlebt haben, einen Rückfall in ihrer Psychose, sodass ein großer Teil der Menschen einem Rückfallrisiko ausgesetzt ist (Emsley et al., 2013). In einer Längsschnittbeobachtungsstudie, in der Menschen nach ihren ersten Psychoseepisoden befragt wurden, hatten 32,8 % nach 12 Monaten einen Rückfall erlitten, 53,4 % nach 24 Monaten und 63,8 % nach 36 Monaten (Pereira et al., 2017). Ein Rückfall ist auch mit einem schlechteren Ansprechen auf eine anschließende antipsychotische Behandlung verbunden (Takeuchi et al., 2019). Ein wichtiger Prädiktor für einen Rückfall ist die mangelnde Akzeptanz der Behandlung und ein ungeplantes Absetzen der antipsychotischen Medikation (Alvarez-Jimenez et al., 2012). Eine schlechtere Adhärenz ist häufig ein Zeichen für mangelndes Engagement der Dienste und für das Scheitern der Dienste beim Aufbau einer kooperativen Arbeitsallianz (Subotnik et al., 2011). Der Rückfall selbst ist ein wichtiger Indikator für die Schwere und Komplexität der Störung und wird durch frühere Suizidversuche (Novick et al., 2010), Depressionen, Feindseligkeit und Scham (Rummel-Kluge et al., 2008), schlechteres Funktionieren vor der Psychose, Kritik in der Familie, Substanzmissbrauch und soziale Isolation vorhergesagt (Alvarez-Jimenez et al., 2012).

Die Arbeitsgruppe von Birchwood und Kolleg*innen (Birchwood et al., 1989) leistete Pionierarbeit bei der Entwicklung einer systematischen Überwachung der frühen Anzeichen (*Early Warning Signs*, EWS) für einen Rückfall und deren Integration in die Routineversorgung. Heute weiß man, dass ein Rückfall der Höhepunkt eines Prozesses von Veränderungen ist, der Tage und manchmal Wochen vor dem Wiederauftreten oder der Verschlimmerung der Psychosesymptome beginnt.

Diese EWS können bereits acht Wochen vor der Rehospitalisierung erkannt werden (Spaniel et al., 2018). Ein Cochrane-Review befasste sich mit der Wirksamkeit von Interventionen, die auf die Erkennung und das Management von EWSs für Rückfälle bei Schizophrenie abzielen (Morriss et al., 2013). Signifikante Effekte zugunsten von EWS-Interventionen wurden für die Anzahl der Teilnehmer*innen, die einen Rückfall erleiden, und die Anzahl der Teilnehmer*innen, die erneut hospitalisiert werden, gefunden.

7.4 Medikation bei früher Psychose

Antipsychotische Medikamente sind ein zentraler Bestandteil der Pharmakotherapie für Menschen mit Psychosen. Mehrere Metaanalysen haben die Wirkung von Antipsychotika zur Behandlung akuter psychotischer Episoden und zur kurz- bis mittelfristigen Verringerung der Rückfallquoten belegt (Correll et al., 2018; Leucht et al., 2021). Im Allgemeinen sind sowohl typische (erste Generation) als auch atypische (zweite Generation) Antipsychotika bei der Verbesserung positiver Symptome wirksam. Große klinische Studien und Metaanalysen bei Menschen mit erster psychotischer Episode haben jedoch einige Unterschiede zwischen antipsychotischen Medikamenten aufgezeigt. Darüber hinaus gibt es auch signifikante Unterschiede im Nebenwirkungsprofil der einzelnen Medikamente, und es gibt Hinweise darauf, dass Menschen mit erster psychotischer Episode eher empfindlich auf die Wirkungen von Medikamenten reagieren und auch anfälliger für Nebenwirkungen sind (Bertelsen et al., 2008). Aufgrund ihrer leichten Überlegenheit bei der Behandlung von Negativsymptomen und der Verbesserung der kognitiven Leistungen werden Antipsychotika der zweiten Generation häufig den Medikamenten der ersten Generation vorgezogen (Alvarez-Jiménez et al., 2011; Leucht et al., 2012; Zhang et al., 2013). Gemäß den S3-Leitlinien für Schizophrenie sollte bei ersten psychotischen Episoden die Wahl des Antipsychotikums nach Abwägung des jeweiligen Nutzen-Risiko-Verhältnisses erfolgen das sich direkt aus dem Nebenwirkungsprofil jedes vom Arzt/der Ärztin in Betracht gezogenen Antipsychotikums ergibt. Obwohl Kindern und Jugendlichen mit Schizophrenie derselbe psychopharmakotherapeutische Ansatz wie Erwachsenen angeboten wird, sollte der Überwachung der Nebenwirkungen besondere Aufmerksamkeit gewidmet werden, wenn die Medikation in einem sehr frühen Alter (< 18 Jahre) eingeführt werden muss (Pagsberg et al., 2017).

> **Medikamentöse Behandlung bei CHR**
>
> Bisherige Studien haben den Einsatz von antipsychotischen Medikamenten zur Psychoseprävention nicht unterstützt, da sie keine Belege für nachhaltige Unterschiede bei den Übergangsraten erbracht haben und Nebenwirkungen wie

> Gewichtszunahme erheblich sind (Stafford et al., 2015). Auch in klinischen Leitlinien wird die Einführung von antipsychotischen Medikamenten für Menschen mit CHR nicht empfohlen. Medikamente zur Behandlung von Begleiterkrankungen, die bei CHR-Jugendlichen häufig auftreten, wie z.B. Angstzustände und Depressionen, können bereitgestellt werden, wenn Personen mit diesen Erkrankungen nicht auf psychologische Interventionen ansprechen.

Die Einleitung der medikamentösen Behandlung, insbesondere bei der ersten psychotischen Episode, sollte in einer sicheren und unterstützenden Umgebung erfolgen. Unabhängig davon, ob sich die Person in einer Ambulanz oder in einem Krankenhaus befindet, muss immer eine sorgfältige Bewertung der Symptomatik der Person durch erfahrene Kliniker*innen (mit aktuellen Kenntnissen über frühe Psychosen) sowie eine klare Information über die Medikation und ihre möglichen Nebenwirkungen erfolgen. Da die Dauer der unbehandelten Psychose (*Duration of Untreated Psychosis*, DUP) mit schlechteren klinischen Ergebnissen korreliert, ist eine erfolgreiche Behandlung der ersten psychotischen Episode von entscheidender Bedeutung, um die Kaskadeneffekte einer sozialen und beruflichen Verschlechterung zu minimieren. Empirische Belege haben gezeigt, dass die Nichteinhaltung einer antipsychotischen Behandlung durch eine schlechtere Einsicht, frühere Erfahrungen mit nicht freiwilliger Behandlung, einer schlechteren prämorbiden Funktionsfähigkeit, komorbidem Substanzmissbrauch, einer forensischen Vorgeschichte, einer schlechten Beziehung zum oder zur verschreibenden Arzt oder Ärztin, größere Deprivation und einer Überweisung in die Sekundärversorgung vorhergesagt wird (Lambert, et al., 2010b; Puntis et al., 2018). In einigen Fällen, in denen effiziente Prozesse der gemeinsamen Entscheidungsfindung, die Überwachung der Dosierung, die zu Nebenwirkungen führt, und/oder die Einführung einer psychologischen Therapie nicht zur Verbesserung der Adhärenz beitragen, können injizierbare Medikamente mit langsamer Freisetzung (auch als Depot-Antipsychotika bekannt) eingeführt werden.

7.5 Überprüfung der Lernziele

- Der Therapeut im Fallbeispiel ist sich nicht sicher, ob er eine Psychotherapie anbieten kann oder David an eine*n Psychiater*in für eine medikamentöse Behandlung (oder eine Krankenhauseinweisung zur Vermeidung einer akuten Episode) überweisen soll – was würden Sie beruhend auf den Informationen in diesem Kapitel als Therapeut*in anbieten und empfehlen?
- Welche Empfehlungen benennt die Arbeitsgruppe »Task Force Transitionspsychiatrie – Störungsbereich Psychosen« um einen erfolgreichen Übergang von jugendlichen Patient*innen ins Erwachsenenalter zu ermöglichen?
- Wie unterscheidet sich die Psychotherapie für CHR und frühe Psychosen?

8 Zusammenfassung und Zukunftsperspektive

8.1 Zusammenfassung

Psychose bezeichnet eine Gruppe von psychischen Störungen, die das Denken, Fühlen und Verhalten einer Person beeinträchtigen und hauptsächlich durch Halluzinationen, Wahnvorstellungen, Denkstörungen, negative Symptome und bizarres Verhalten gekennzeichnet sind. Sie gilt als eine der am stärksten beeinträchtigenden psychischen Störungen, bei der die soziale und berufliche Funktionsfähigkeit der Betroffenen während eines erheblichen Teils des Krankheitsverlaufs deutlich unter dem Niveau liegt, das die Betroffenen vor der Erkrankung hatten. Die Prä-Psychose-Phase ist das Zeitintervall zwischen den ersten auffälligen Verhaltensänderungen und dem Auftreten klinisch relevanter psychotischer Symptome einer diagnostizierbaren Psychose und wird als *clinical high risk* (CHR) bezeichnet (Yung & McGorry, 1996). In diesem Stadium haben viele Betroffene bereits einen Verlust ihrer kognitiven und psychosozialen Funktionen erfahren (Joa et al., 2015). Der Zeitraum des Prodromalstadiums, der zwischen Tagen bis zu fünf Jahre andauern kann (Häfner, 1995), ist eine wichtige Zeit, um eine Behandlung zur Verbesserung der Prognose zu initiieren. Die Forschung zeigt, dass die Verkürzung der Dauer einer unbehandelten Psychose (*duration of untreated psychosis*, DUP) den Effekt des früheren Auftretens der Störung als Faktor für eine schlechte Prognose ausgleicht (Schultze-Lutter et al., 2015b). Nach dem von McGorry und Kolleg*innen (2006) vorgeschlagenen klinischen Stadienmodell, in dem die CHR das Stadium 1 (unterteilt in drei Unterstadien »a« bis »c«) umfasst, folgt auf die CHR das Stadium 2 oder die voll ausgeprägte erste psychotische Episode (*first episode of psychosis*, FEP) (McGorry et al., 2006). Sie gilt als erste akute Phase oder Krise, die durch floride psychotische Symptome gekennzeichnet ist und häufig von Ärzt*innen der Primärversorgung, Notaufnahmen, Sozialdiensten, spezialisierten Pflegeeinrichtungen oder Drogen- und Alkoholanlaufstellen festgestellt wird. Obwohl es keine einheitliche Definition gibt, bezieht sich der Begriff frühe Psychose (*early psychosis*) in der Fachwelt und in der Forschung auf den frühen Verlauf einer psychotischen Störung (Prodromalstadium) und den Zeitraum bis zu fünf Jahren nach dem ersten Eintritt in eine Behandlung wegen einer psychotischen Episode (d.h. die erste psychotische Episode) (Early Psychosis Guidelines Writing Group und EPPIC). Frühzeitige Interventionen während der frühen Psychose verbessern nachweislich auch die negativen Folgen durch eine Verringerung der DUP, eine Verbesserung des Ansprechens auf die Behandlung, des Wohlbefindens und des sozialen Funktionierens sowie eine sekundäre Prävention des Fortschreitens der Erkrankung (Fusar-Poli et al., 2017). Daher sind Früherkennung und erste Behandlungsstrategien der CHR bei Psychosen und erster psychotischer Episode zu einem wichtigen Ziel der psychotherapeutischen/psychiatrischen Dienste geworden, um unnötigen Leidensdruck zu verringern und die Wahrscheinlichkeit von langfristigen Therapieerfolgen zu erhöhen (Harrigan et al., 2003). Frühinterventionsdienste für Psychosen (*Early Intervention for Psychosis services*, EIS), die sich auf die besonderen Bedürfnisse junger Menschen und ihrer Familien konzentrieren, werden weltweit mit dem Ziel eingeführt, psychologische und pharmakologische Interventionen anzubieten. Die wichtigsten Therapiemöglichkeiten für Psychosen sind antipsychotische Medikamente und Psychotherapie, insbesondere kognitive Verhaltenstherapie für Psychosen (KVT-P). Diese haben nach S3-Leitlinie für Schizophrenie in Deutschland den Empfehlungsgrad A. Zusätzlich zu den positiven Auswirkungen auf die Symptome und die Funktionsfähigkeit wirkt sich die KVT-P positiv auf die Verringerung des Rückfallrisikos aus (Bighelli et al., 2021). Obwohl präventive Behandlungen, die den Krankheitsverlauf verändern (d. h. in der CHR-Phase), und spezialisierte umfassende Interventionen für die erste psychotische Episode die Schwere der Erkrankung erheblich verbessern können und ihre Umsetzung empfohlen wird, gibt es noch einige Herausforderungen, die bei der Umsetzung und Durchführung zu bewältigen sind. Zu den wichtigsten Herausforderungen gehören das Erreichen von Personen, die keinen Zugang zu psychosozialen Diensten haben, um das Erkennen von Risikofällen zu verbessern, die Optimierung der Interventionen und ihre Anpassung an die neuen Kommunikationsformen junger Menschen, die stärkere Konzentration auf die soziale Genesung statt nur auf die Linderung positiver Symptome oder das Erreichen langfristiger Erfolge.

8.2 Zukunftsperspektive

8.2.1 Verbesserung des Zugangs zur Psychotherapie

In Deutschland bieten nur 38% der Psychotherapeut*innen KVT-P in niedergelassener Praxis an und nur 4–13% der Betroffenen erhalten eine evidenzbasierte Therapie auf der Grundlage von Leitlinienempfehlungen im stationären Setting (Schlier & Lincoln, 2016; Kullmann et al., 2023). Dies ist teilweise auf strukturelle und individuelle Stigmatisierung, Probleme mit der Erstattung der Behandlung durch die Krankenkassen, begrenzte Zeit für die Durchführung von Therapiesitzungen (und direktes Lernen in realen Situationen) sowie geringes Selbstvertrauen der ausgebildeten Psychotherapeut*innen in der Durchführung von KVT-P zurückzuführen (Kullmann et al., 2023). Leider hat sich gezeigt, dass die anhaltende Stigmatisierung psychischer Erkrankungen oder weit verbreitete gesellschaftliche Überzeugungen in Bezug auf psychische Erkrankungen und insbesondere Psychosen immer noch ein großes Hindernis für den Zugang zur Psychotherapie darstellen (Yanos, 2018). Das anhaltende Stigma umfasst ungestützte und pessimistische Ansichten über die Genesung sowie damit verbundene Überzeugungen über Kompetenz, Gefährlichkeit und soziale Akzeptanz. Auch Fachkräfte im Bereich der psychischen Gesundheit, einschließlich Psycholog*innen, sind nicht immun gegen stigmatisierende Ansichten über Menschen mit psychischen Erkrankungen und neigen dazu, dieselben Ansichten wie die Laienöffentlichkeit widerzuspiegeln, einschließlich der Ansicht, dass Psychosen mehr als andere psychische Diagnosen mit Gefährlichkeit und Inkompetenz verbunden sind (Smith et al., 2017). Diese stigmatisierenden Ansichten scheinen ein direktes Hindernis für die erfolgreiche Umsetzung des Recovery-Modells (Leonhardt et al., 2017) in der klinischen Praxis zu sein.

Junge Menschen nehmen die Dienste oft nicht angemessen in Anspruch, sodass sie keinen langfristigen Nutzen aus der Behandlung ziehen können (Burns & Birrell, 2014). Die Hauptgründe dafür sind: a) junge Menschen suchen aufgrund der Stigmatisierung, die mit einer psychischen Erkrankung verbunden ist, keine Hilfe auf; b) mangelndes Wissen über spezialisierte Anlaufstellen; und c) Kliniker*innen, die die Erfahrungen der Jugendlichen nicht anerkennen, können nicht angemessen auf ihre Bedürfnisse eingehen (Gronholm et al., 2017). Daher ist geschultes Klinikpersonal mit aktuellem Wissen über Psychosen und deren Behandlung, insbesondere in frühen Phasen, eine entscheidende Strategie, um den Zugang zu psychologischer Hilfe zu verbessern.

8.2.2 Fortschritte in Kognitiver Verhaltenstherapie für Psychosen (KVT-P)

Die neuen symptomorientierten und interventionskausalen Ansätze, bei denen es sich um informative Forschungsstrategien zur Bewertung der Wirksamkeit einzelner Komponenten oder Mechanismen der allgemeinen KVT-P handelt, zeigen vielversprechende Ergebnisse für die Behandlung von Wahnvorstellungen und Halluzinationen (Lincoln & Peters, 2019). Das *Feeling Safe Programme* für Verfolgungswahn (Freeman et al., 2016) hat die einzelnen Interventionen, die auf die einzelnen aufrechterhaltenden Faktoren abzielen, zu einer vollständigen KVT-P kombiniert. In Anlehnung an das von Freeman (2016) vorgeschlagene kognitive Modell der Paranoia geht dieser Ansatz davon aus, dass es sechs wichtige psychologische Mechanismen gibt, die Verfolgungswahn verursachen und aufrechterhalten: Sorgen, negative Bewertungen über sich selbst, ungewöhnliche Erfahrungen, Schlafstörungen, kognitive Verzerrungen und Sicherheitsverhalten (Freeman, 2016). Dieser Modul-Ansatz versucht, diese aufrechterhaltenden Faktoren zu reduzieren, die Häufigkeit und den Leidensdruck von Verfolgungswahn zu verringern und das Sicherheitsgefühl der Person zu erhöhen. In der Therapie wird Sicherheitsgefühl neu erlernt, indem man sich in gefürchtete Situationen begibt, nachdem der Einfluss der aufrechterhaltenden Faktoren reduziert wurde; vorläufige Belege zur Unterstützung des Ansatzes wurden nach einer großen randomisierten kontrollierten Studie (RCT) vorgelegt (Freeman et al., 2021). Neuere Befunde zur Evidenz psychologischer Interventionen bei frühen Psychosen haben gezeigt, dass die KVT-P im Vergleich zur antipsychotischen Medikation in einer Stichprobe mit erster psychotischer Episode eine durchführbare und akzeptable Behandlung ist (Morrison et al., 2020). Die Pionierstudie *Managing Adolescent First Episode in Psychosis Study* (MAPS) legt nahe, dass antipsychotische Medikamente, KVT-P und eine Kombination aus beiden akzeptable, sichere und hilfreiche Behandlungen für junge Menschen mit einer ersten psychotischen Episode sind, wobei alle drei Behandlungen hinsichtlich der Symptomschwere (Gesamtscore der Positiven und Negativen Syndromskala, PANSS) und der Genesung von Nutzen zu sein scheinen. Keine Befunde deuten darauf hin, dass psychologische Interventionen bei fehlender antipsychotischer Medikation nachteilig sind. In früheren Untersuchungen wurde die KVT-P in der Regel Patient*innen angeboten, die bereits eine antipsychotische Medikation erhielten, womit ein direkter Vergleich nie möglich war. Diese Studie liefert somit erste Hinweise darauf, dass die KVT-P eine sinnvolle Alternative zur medikamentösen Behandlung sein kann, allerdings sind weitere Untersuchungen erforderlich.

In Deutschland werden auch neue, vielversprechende Fortschritte in der Psychotherapie von frühen Psychosen untersucht. Das *Feel-Good-Programm* beispielsweise ist eine achtsamkeitsbasierte Gruppenintervention und somit dritte Welle-Verfahren für junge Menschen mit früher Psychose (entwickelt vom Klinik- und Forschungsteam des Frühinterventions- und Therapiezentrums (FRITZ) und des Soulspace, Vivantes Klinikum am Urban, Charité – Universitätsmedizin Berlin). Es zeigen sich überzeugende Ergebnisse hinsichtlich der Verbesserung von positiven und emotionsregulierenden Symptomen (von Hardenberg et al., 2022). Eine weitere symptomfokussierte, technikbasierte Intervention ist AVATAR_VRSocial (Rus-Calafell et al., eingereicht), eine erweiterte Version der AVATAR-Therapie (Craig et al., 2018) für belastende auditive Halluzinationen während der frühen Psychose, die derzeit am Lehrstuhl für Klinische Psychologie und Digitale Psychotherapie an der Ruhr-Universität Bochum (RUB) untersucht wird (▶ Kap. 8.2.3)

8.2.3 eHealth und Frühe Psychosen

Digitale Technologien bieten neue Möglichkeiten, um psychologische Interventionen auf ansprechende und maßgeschneiderte Weise zu verbessern und neue therapeutische Kontexte zu schaffen, in denen psychologische Kernprozesse in Echtzeit und mit unmittelbarem Feedback angesprochen werden können. Diese Technologien haben das Potenzial, die Hindernisse für den Zugang zu psychologischen Therapien zu beseitigen, indem sie jungen Menschen innovative und flexible Plattformen bieten, auf denen sie ihre Erfahrungen austauschen und sich unterstützt fühlen können. Außerdem eröffnen sie neue Wege für die Zusammenarbeit mit Kliniker*innen und Forscher*innen, ermöglichen eine präzisere Bewertung und fördern die positive Veränderung der täglichen Leistung der Person. In einer kürzlich von Rus-Calafell und Schneider (2020) veröffentlichten Übersichtsarbeit zeigen die Ergebnisse, dass die Entwicklung und Anwendung digitaler Gesundheitsinterventionen in der frühen Psychosephase noch in den Kinderschuhen steckt. Erste Erkenntnisse zeigen jedoch, dass es möglich ist, digitale Technologien für psychologische Interventionen in der frühen Psychose einzusetzen, wobei die Teilnehmer*innen ein hohes Maß an Akzeptanz und Bereitschaft zum Ausdruck bringen, sie zur Unterstützung ihrer Fortschritte und Genesung zu nutzen (Rus-Calafell & Schneider, 2020). Eine der vielversprechendsten Technologien ist die virtuelle Realität (VR). Ein wesentlicher Vorteil der VR besteht darin, dass sie Forscher*innen und Kliniker*innen die Möglichkeit bietet, nicht nur das Echtzeitverhalten der Nutzer*innen bei der Interaktion mit virtuellen Agent*innen zu beobachten, sondern auch die Umgebung und die Reaktionen der Avatare oder simulierten Stimuli und Aufgaben zu kontrollieren und zu verändern. Der Einsatz von VR und Avataren bei der Bewertung und Behandlung verschiedener Dimensionen psychotischer Symptome ist vielversprechend (Rus-Calafell et al., 2018), obwohl die Forschung bisher auf erwachsene Populationen beschränkt ist. Freeman et al. (2016) haben die kognitive VR-Therapie zur Behandlung von Verfolgungswahn und sozialer Angst eingesetzt, indem sie Menschen mit ihren gefürchteten Situationen konfrontierten, ihre Annahmen darüber, was in der Situation passieren würde, testeten, und sie aufforderten, ihr Sicherheitsverhalten aufzugeben (Freeman et al., 2016). Die Ergebnisse der ersten automatisierten VR-basierten Intervention für Psychosen, die in einer großen RCT getestet wurde, haben eine signifikante Verringerung des agoraphobischen Vermeidungsverhaltens und des Stresses in Alltagssituationen gezeigt (Freeman et al., 2022). VR wurde auch bei beunruhigenden Stimmen eingesetzt. Die AVATAR-Therapie ist ein innovativer Therapieansatz, der Stimmenhörer*innen dabei unterstützen soll, durch eine Reihe von Dialogen zwischen der Person und einer digitalen Darstellung der Stimme (oder einem Avatar) ein stärkeres Gefühl der Macht und Kontrolle über ihre Stimmen zu entwickeln. Erste Belege zeigen, dass AVATAR die Häufigkeit, Intensität und Allmacht der Stimmen deutlich reduzieren kann (Craig et al., 2018). Es wird angenommen, dass die kontinuierliche Exposition gegenüber der Erfahrung, die Stimme im Laufe der Therapiesitzungen zu sehen und zu hören, zusammen mit der Veränderung der Beziehung zur Stimme dazu beiträgt, dass maladaptive Überzeugungen über die Stimme und andere Personen widerlegt werden und somit die mit der Stimme verbundene Bedrohung und der Leidensdruck reduziert werden (Rus-Calafell et al., 2020). Derzeit läuft eine multizentrische, randomisierte, kontrollierte Studie, in der neue Belege für die Wirksamkeit der Methode gesammelt werden (AVATAR2-Studie, Garety et al., 2021b). Das Forschungsteam am Forschungs- und Behandlungszentrum für psychische Gesundheit (FBZ, RUB) führt außerdem eine Machbarkeitsstudie durch, in der die AVATAR_VRSocial-Therapie für frühe Psychosen getestet wird, die immersive VR als eine Form der Ergänzung der AVATAR-Therapieerfolge einbringt (registriert ISRCTN35980117). Die Nutzung des Internets als Quelle für Informationen und Unterstützung für Menschen mit Psychose und ihre Angehörigen hat ebenfalls erheblich zugenommen (Haker et al., 2005), wobei es sogar das Potenzial hat, gesundheitsbezogene Verhaltensweisen und Entscheidungen sowie die Ärzt*in-Patient*in-Beziehung erheblich zu beeinflussen (Schrank et al., 2010). Menschen mit Psychosen nutzen das Internet und sind in der Lage und bereit, psychosoziale Dienste online zu nutzen (Naslund et al., 2016). In Bezug auf Internet- oder mobile app-basierte Interventionen sind einige Pionierarbeiten im Bereich der frühen

Psychose hervorzuheben. HORYZONS und MOMENTUM sind zwei digitale Interventionen, die auf erste psychotische Episode- und CHR-Therapieziele zugeschnitten sind und von der Therapie- und Forschungsgruppe der E-Health-Abteilung des National Centre of Excellence in Youth Mental Health in Australien (Orygen) entwickelt wurden. Diese Pionierinterventionen basieren auf dem konzeptionellen Modell der *Moderate Online Social Therapy* (MOST) (D'Alfonso et al., 2017), das psychoedukative Therapieeinheiten mit forum-ähnlichen Funktionen verbindet, die es den Nutzer*innen ermöglichen, über ihre persönlichen Probleme zu sprechen und Unterstützung durch Gleichaltrige zu finden. HORYZONS und MOMENTUM haben sich als praktikabel, akzeptabel und ansprechend erwiesen (Alvarez-Jimenez et al., 2013; Alvarez-Jimenez et al., 2018). Mit einem ähnlichen Ansatz hat unser Team am FBZ kürzlich auch die Machbarkeit und vorläufige Wirksamkeit einer moderierten internetbasierten Psychoedukations- und Unterstützungsintervention für Angehörige von jungen Menschen mit früher Psychose erfolgreich getestet (die ePSP-Studie, Rus-Calafell et al., 2024).

Mobile Apps bieten eine neue Form der klassischen strukturierten Tagebuchtechniken in Form von Momentaufnahmen, wie die *Experience Sampling Method* (ESM) (Myin-Germeys et al., 2009) oder *Ecological Momentary Assessment* (EMA) (Heron & Smyth, 2010), die als naturalistische Methoden zur Verbreitung von Umfragen definiert sind, die Personen im Kontext ihres Alltags ausfüllen. Diese Methoden haben zudem den Vorteil, dass die Informationen digital und in Echtzeit mit dem eigenen Gerät der Person erfasst werden und mit dem webbasierten Dashboard der autorisierten Kliniker*innen geteilt werden können (Ben-Zeev et al., 2014). Diese Formen der Bewertung können dazu beitragen, die individuellen Risikofaktoren oder Symptommuster der Person zu ermitteln und Behandlungsziele festzulegen (Reininghaus et al., 2016a). Actissist ist eine KVT-P-gestützte, selbstgesteuerte mobile App, die sich auf Psychoedukation und Selbsthilfe stützt, um Rückfälle in der frühen Psychose zu bekämpfen (Bucci et al., 2018). Erste Belege zeigen, dass sie durchführbar, akzeptabel und sicher ist, und eine große Studie an mehreren Standorten läuft derzeit (Bucci et al., 2018). Ein weiteres vielversprechendes Beispiel für eine app-basierte Intervention für Psychosen im Frühstadium ist EMPOWER: eine Intervention für Frühwarnzeichen, die die Selbstwirksamkeit durch die Integration einer Smartphone-App für Frühwarnzeichen mit Peer-Unterstützung für Menschen mit diagnostizierter Schizophrenie und hohem Rückfallrisiko fördert. In Deutschland gibt es einige vielversprechende Ergebnisse einer neuen transdiagnostischen app-basierten Intervention für belastende ungewöhnliche Erfahrungen (EMICompass), die von einem Forschungsteam der Abteilung für öffentliche psychische Gesundheit der Universität Heidelberg in Mannheim entwickelt wurde (Reininghaus et al., 2023).

In Anbetracht der weltweiten Bemühungen um die Einrichtung von Frühinterventionsdiensten (Fusar-Poli et al., 2017) ist klar, dass sowohl Forschungs- als auch klinische Gemeinschaften weiterhin gemeinsam an der Entwicklung und Anpassung digitaler Technologien arbeiten müssen, die den Zugang zu psychologischer Unterstützung, das Engagement der Dienstleistungsnutzer*innen und die Behandlungsergebnisse verbessern können.

8.2.4 Partizipative Forschung

Der Einbezug von Patient*innen und Öffentlichkeit (PPI, vom englischen *Patient and Public Involvement*) in die Forschung zur psychischen Gesundheit ist ein wachsender Arbeitsbereich, der Erfahrungswerte in die Forschungsprozesse einbezieht und inzwischen als *Best Practice* gilt (Allen et al., 2020). Der aktive Einbezug von Menschen mit Psychosen bereits in frühen Phasen der klinischen Forschung hat das Potenzial, die Relevanz, Nutzbarkeit, Qualität und Wirkung psychologischer Behandlung zu erhöhen. Die Forschung, die die Erfahrungen von Patient*innen mit KVT-P untersucht, ist zu einem integralen Bestandteil der Evidenzbasis geworden, wobei qualitative Studien inzwischen in die große Mehrheit der randomisierten kontrollierten KVT-P-Studien eingebettet sind (z. B. Rus-Calafell et al., 2022). Die Literatur, die sich mit der Sichtweise von KVT-P-Patient*innen befasst, ist in den letzten zehn Jahren beträchtlich angewachsen und gibt einen Einblick in die Erfahrungen der Teilnehmer*innen, einschließlich der Forschung, die von *service-users researchers* geleitet wurde (Brabban et al., 2016). Das Young People Advisory Panel (Y-PAL, angesiedelt am Lehrstuhl für Klinische Psychologie und Digitale Psychotherapie am FBZ) wurde 2021 gegründet und berät das Forschungsteam bei wichtigen Aspekten der klinischen Forschung zu Psychosen, wie z. B. der Rekrutierungsstrategie für Patient*innen, der Priorisierung von Forschungsfragen, der gemeinsamen Erstellung und Überprüfung von Studienmaterialien, der Erprobung digitaler Tools und der Durchführung qualitativer Interviews mit betroffenen Teilnehmer*innen zum Nutzen der Therapie. Durch die unschätzbare Beteiligung von Menschen mit Psychoseerfahrung sind Kliniker*innen und Forscher*innen in der Lage, ihre Forschung besser auf die Bedürfnisse dieser Patient*innengruppe abzustimmen.

Literaturverzeichnis

Addington, J., & Addington, D. (2005). Clinical trials during the prodromal stage of schizophrenia. *American Journal of Psychiatry*, 162(7), 1387. https://doi.org/10.1176/appi.ajp.162.7.1387

Addington, J. (2007). The promise of early intervention. *Early Interv Psychiatry*, 1(4), 294–307. https://doi.org/10.1111/j.1751-7893.2007.00043.x

Addington, J. & Addington, D. (2007). Patterns, predictors and impact of substance use in early psychosis: a longitudinal study. *Acta Psychiatrica Scandinavica*, 115, 304–309. https://doi.org/10.1111/j.1600-0447.2006.00900.x

Addington, J., Killackey, E., & Marulanda, D. (2021). Early psychosis services. In A. R. Yung, J. Cotter, & P. McGorry (Eds.), *Youth Mental Health: approaches to emerging mental ill-health in young people.* (pp. 53–68). London: Routledge.

Alameda, L., Rodriguez, V., Carr, E., Aas, M., Trotta, G., Marino, P., Vorontsova, N., Herane-Vives, A., Gadelrab, R., Spinazzola, E., Di Forti, M., Morgan, C., & Murray, R. M. (2020). A systematic review on mediators between adversity and psychosis: potential targets for treatment. *Psychological Medicine*, 50(12), 1966–1976. https://doi.org/10.1017/S0033291720002421

Allen, D., Cree, L., Dawson, P., El Naggar, S., Gibbons, B., Gibson, J., Gill, L., Gwernan-Jones, R., Hobson-Merrett, C., Jones, B., Khan, H., McCabe, C., Mancini, M., McLellan, D., Nettle, M., Pinfold, V., Rawcliffe, T., Sanders, A., Sayers, R.,…The, P. w. c. (2020). Exploring patient and public involvement (PPI) and co-production approaches in mental health research: learning from the PARTNERS2 research programme. 6(1), 56. https://doi.org/10.1186/s40900-020-00224-3

Alvarez-Jiménez, M., Parker, A. G., Hetrick, S. E., McGorry, P. D., & Gleeson, J. F. (2011). Preventing the second episode: a systematic review and meta-analysis of psychosocial and pharmacological trials in first-episode psychosis. *Schizophrenia Bulletin*, 37(3), 619–630. https://doi.org/10.1093/schbul/sbp129

Alvarez-Jimenez, M., Priede, A., Hetrick, S. E., Bendall, S., Killackey, E., Parker, A. G., McGorry, P. D., & Gleeson, J. F. (2012). Risk factors for relapse following treatment for first episode psychosis: a systematic review and meta-analysis of longitudinal studies. *Schizophrenia Research*, 139(1–3), 116–128. https://doi.org/10.1016/j.schres.2012.05.007

Alvarez-Jimenez, M., Bendall, S., Lederman, R., Wadley, G., Chinnery, G., Vargas, S., Larkin, M., Killackey, E., McGorry, P. D., & Gleeson, J. F. (2013). On the HORYZON: moderated online social therapy for long-term recovery in first episode psychosis. *Schizophrenia Research*, 143(1), 143–149. https://doi.org/10.1016/j.schres.2012.10.009

Alvarez-Jimenez, M., Gleeson, J. F., Bendall, S., Penn, D. L., Yung, A. R., Ryan, R. M., Eleftheriadis, D., D'Alfonso, S., Rice, S., Miles, C., Russon, P., Lederman, R., Chambers, R., Gonzalez-Blanch, C., Lim, M. H., Killackey, E., McGorry, P. D., & Nelson, B. (2018). Enhancing social functioning in young people at Ultra High Risk (UHR) for psychosis: A pilot study of a novel strengths and mindfulness-based online social therapy. *Schizophrenia Research*, 202, 369–377. https://doi.org/10.1016/j.schres.2018.07.022

American Psychiatric Association. (2013). Schizophrenia spectrum and other psychotic disorders. In *Diagnostic and Statistical Manual of Mental Disorders* (5th ed.). https://doi.org/10.1007/s00787-012-0354-x

American Psychiatric Association. (2018). *Diagnostisches und statistisches Manual psychischer Störungen* (2. Aufl., Textrev.).

Ames, C. S., Jolley, S., Laurens, K. R., Maddox, L., Corrigall, R., Browning, S., Hirsch, C. R., Hassanali, N., Bracegirdle, K., & Kuipers, E. (2014). Modelling psychosocial influences on the distress and impairment caused by psychotic-like experiences in children and adolescents. *European Child and Adolescent Psychiatry*, 23(8), 715–722. https://doi.org/10.1007/s00787-013-0500-0

Anderson, K. K., & Edwards, J. (2020). Age at migration and the risk of psychotic disorders: a systematic review and meta-analysis. *Acta Psychiatrica Scandinavica*, 141(5), 410–420. https://doi.org/10.1111/acps.13147

Andreasen, N. C. (1986). *Scale for the Assessment of Positive Symptoms (SAPS)* [Database record]. APA PsycTests.

Andreou, C., Eickhoff, S., Heide, M., de Bock, R., Obleser, J., & Borgwardt, S. (2023). Predictors of transition in patients with clinical high risk for psychosis: an umbrella review. *Translational Psychiatry*, 13(1), 286. https://doi.org/10.1038/s41398-023-02586-0

Anilmis, J. V., Stewart, C. S., Roddy, S., Hassanali, N., Muccio, F., Browning, S., Bracegirdle, K., Corrigall, R., Laurens, K. R., Hirsch, C., Kuipers, E., Maddox, L., & Jolley, S. (2015). Understanding the relationship between schematic beliefs, bullying, and unusual experiences in 8–14 year olds. *European Psychiatry*, 30(8), 920–923. https://doi.org/10.1016/j.eurpsy.2015.08.008

Badcock, J. C., & Paulik, G. (2020). A clinical introduction to psychosis: Foundations for clinical psychologists and neuropsychologists. Academic Press, San Diego, CA, US

Bailey, T., Alvarez-Jimenez, M., Garcia-Sanchez, A. M., Hulbert, C., Barlow, E., & Bendall, S. (2018). Childhood trauma is associated with severity of hallucinations and delusions in psychotic disorders: a systematic review and meta-analysis. *Schizophrenia bulletin*, 44(5), 1111–1122. https://doi.org/10.1093/schbul/sbx161

Baksheev, G. N., Allott, K., Jackson, H. J., McGorry, P. D., & Killackey, E. (2012). Predictors of vocational recovery among young people with first-episode psychosis: findings from a randomized controlled trial. *Psychiatr Rehabil J*, 35(6), 421–427. https://doi.org/10.1037/h0094574

Barbeito, S., Vega, P., Sánchez-Gutiérrez, T., Becerra, J. A., Gonzalez-Pinto, A., & Calvo, A. (2021). A systematic review of suicide and suicide attempts in adolescents with psychotic disorders. *Schizophrenia Research*, 235, 80–90. https://doi.org/10.1016/j.schres.2021.07.029

Beavan, V. (2011). Towards a definition of »hearing voices«: A phenomenological approach. *Psychosis-Psychological Social and Integrative Approaches*, 3(1), 63–73. https://doi.org/10.1080/17522431003615622

Bechdolf, A., Phillips, L. J., Francey, S. M., Leicester, S., Morrison, A. P., Veith, V., Klosterkötter, J., & McGorry, P. D. (2006). Recent approaches to psychological interventions for people at risk of psychosis. *European Archives of Psychiatry and Clinical Neuroscience*, 256(3), 159–173. https://doi.org/10.1007/s00406-006-0623-0

Bechdolf, A. (2014). Psychoserisikostadien als eigene Diagnosekategorie–Pro. *Psychiatrische Praxis*, 41(03), 124–125. https://doi.org/10.1055/s-0034-1369836

Beck, A. T. (1952). Successful outpatient psychotherapy of a chronic schizophrenic with a delusion based on borrowed guilt. *Psychiatry*, 15(3), 305–312. https://doi.org/10.1080/00332747.1952.11022883

Beesdo-Baum, K., Zaudig, M., & Wittchen, H. U. (2019). Structured Clinical Interview for DSM-5–Clinical Version. *Göttingen: Hogrefe*.

Ben-Zeev, D., Brenner, C. J., Begale, M., Duffecy, J., Mohr, D. C., & Mueser, K. T. (2014). Feasibility, acceptability, and preliminary efficacy of a smartphone intervention for schizophrenia. *Schizophrenia Bulletin*, 40(6), 1244–1253. https://doi.org/10.1093/schbul/sbu033

Bendall, S., Jackson, H. J., Hulbert, C. A., & McGorry, P. D. (2007). Childhood trauma and psychotic disorders: a systematic, critical review of the evidence. *Schizophrenia Bulletin*, 34(3), 568–579. https://doi.org/10.1093/schbul/sbm121

Bendall, S., Alvarez-Jimenez, M., Hulbert, C. A., McGorry, P. D., & Jackson, H. J. (2012). Childhood trauma increases the risk of post-traumatic stress disorder in response to first-episode psychosis. *Australian and New Zealand Journal of Psychiatry*, 46(1), 35–39. https://doi.org/10.1177/0004867411430877

Berry, K., Ford, S., Jellicoe-Jones, L., & Haddock, G. (2015). Trauma in relation to psychosis and hospital experiences: the role of past trauma and attachment. *Psychology and Psychotherapy*, 88(3), 227–239. https://doi.org/10.1111/papt.12035

Bertelsen, M., Jeppesen, P., Petersen, L., Thorup, A., Øhlenschlaeger, J., le Quach, P., Christensen, T., Krarup, G., Jørgensen, P., & Nordentoft, M. (2008). Five-year follow-up of a randomized multicenter trial of intensive early intervention vs standard treatment for patients with a first episode of psychotic illness: the OPUS trial. *Archives of General Psychiatry*, 65(7), 762–771. https://doi.org/10.1001/archpsyc.65.7.762

Bertolote, J., & McGorry, P. (2005). Early intervention and recovery for young people with early psychosis: consensus statement. *British Journal of Psychiatry. Supplement*, 48, s116–119. https://doi.org/10.1192/bjp.187.48.s116

Biaddington, J., Farris, M., Stowkowy, J., Santesteban-Echarri, O., Metzak, P., & Kalathil, M.S. (2019). Predictors of transition to psychosis in individuals at clinical high risk. *Current psychiatry reports*, 21, 1–10. https://doi.org/10.1007/s11920-019-1027-y

Bighelli, I., Salanti, G., Huhn, M., Schneider-Thoma, J., Krause, M., Reitmeir, C., Wallis, S., Schwermann, F., Pitschel-Walz, G., Barbui, C., Furukawa, T. A., & Leucht, S. (2018). Psychological interventions to reduce positive symptoms in schizophrenia: systematic review and network meta-analysis. *World Psychiatry*, 17(3), 316–329. https://doi.org/10.1002/wps.20577

Bighelli, I., Rodolico, A., García-Mieres, H., Pitschel-Walz, G., Hansen, W. P., Schneider-Thoma, J., Siafis, S., Wu, H., Wang, D., Salanti, G., Furukawa, T. A., Barbui, C., & Leucht, S. (2021). Psychosocial and psychological interventions for relapse prevention in schizophrenia: a systematic review and network meta-analysis. *Lancet Psychiatry*, 8(11), 969–980. https://doi.org/10.1016/S2215-0366(21)00243-1

Birchwood, M., Smith, J., Macmillan, F., Hogg, B., Prasad, R., Harvey, C., & Bering, S. (1989). Predicting relapse in schizophrenia: the development and implementation of an early signs monitoring system using patients and families as observers, a preliminary investigation. *Psychological Medicine*, 19(3), 649–656. https://doi.org/10.1017/s0033291700024247

Birchwood, M., & Chadwick, P. (1997). The omnipotence of voices: testing the validity of a cognitive model. *Psychological Medicine*, 27(6), 1345–1353. https://doi.org/10.1017/S0033291797005552

Birchwood, M., Meaden, A., Trower, P., Gilbert, P., & Plaistow, J. (2000). The power and omnipotence of voices: subordination and entrapment by voices and significant others. *Psychological Medicine*, 30(2), 337–344. https://doi.org/10.1017/S0033291799001828

Birchwood, M., Gilbert, P., Gilbert, J., Trower, P., Meaden, A., Hay, J., Murray, E., & Miles, J. N. (2004). Interpersonal and role-related schema influence the relationship with the dominant ›voice‹ in schizophrenia: a comparison of three models. *Psychological Medicine*, 34, 1571–1580. https://doi.org/10.1017/S0033291704002636

Birchwood, M., Trower, P., Brunet, K., Gilbert, P., Iqbal, Z., & Jackson, C. (2007). Social anxiety and the shame of psychosis: a study in first episode psychosis. *Behaviour Research and Therapy*, 45(5), 1025–1037. https://doi.org/10.1016/j.brat.2006.07.011

Birchwood, M., Dunn, G., Meaden, A., Tarrier, N., Lewis, S., Wykes, T., Davies, L., Michail, M., & Peters, E. (2018). The COMMAND trial of cognitive therapy to prevent harmful compliance with command hallucinations: predictors of outcome and mediators of change. *Psychological Medicine*, 48(12), 1966–1974. https://doi.org/10.1017/S0033291717003488

Bischof, M., Obermann, C., Hartmann, M. N., Hager, O. M., Kirschner, M., Kluge, A., Strauss, G. P., & Kaiser, S. (2016). The brief negative symptom scale: validation of the German translation and convergent validity with self-rated anhedonia and observer-rated apathy. *BMC psychiatry*, 16(1), 415. https://doi.org/10.1186/s12888-016-1118-9

Bleuler, E. (1911). Dementia Praecox oder Gruppe der Schizophrenen. Leipzig and Vienna: Deuticke.

Bloomfield, M. A. P., Chang, T., Woodl, M. J., Lyons, L. M., Cheng, Z., Bauer-Staeb, C., Hobbs, C., Bracke, S., Kennerley, H., Isham, L., Brewin, C., Billings, J., Greene, T., & Lewis, G. (2021). Psychological processes mediating the association between developmental trauma and specific psychotic symptoms in adults: a systematic review and meta-analysis. *World Psychiatry*, *20*(1), 107–123. https://doi.org/10.1002/wps.20841

Blümel, M., Spranger, A., Achstetter, K., Maresso, A., & Busse, R. (2020). Germany: health system review. Web ISSN 1817–6119 Vol. 22 No. 6

Bond, G. R., Drake, R. E., & Campbell, K. (2016). Effectiveness of individual placement and support supported employment for young adults. *Early Interv Psychiatry*, *10*(4), 300–307. https://doi.org/10.1111/eip.12175

Bosanac, P., & Castle, D. J. (2013). Schizophrenia and depression. *The Medical journal of Australia*, *199*(S6), S36–S39. https://doi.org/10.5694/mja12.10516

Bramon, E., & Murray, R. M. (2001). A plausible model of schizophrenia must incorporate psychological and social, as well as neuro developmental, risk factors. *Dialogues in Clinical Neuroscience*, *3*(4), 243–256. https://doi.org/10.31887/DCNS.2001.3.4/ebramon

Brookwell, M. L., Bentall, R. P., & Varese, F. (2013). Externalizing biases and hallucinations in source-monitoring, self-monitoring and signal detection studies: a meta-analytic review. *Psychological Medicine*, *43*(12), 2465–2475. https://doi.org/10.1017/S0033291712002760

Broome, M. R., Woolley, J. B., Tabraham, P., Johns, L. C., Bramon, E., Murray, G. K., Pariante, C., McGuire, P. K., & Murray, R. M. (2005). What causes the onset of psychosis? *Schizophrenia Research*, *79*(1), 23–34. https://doi.org/10.1016/j.schres.2005.02.007

Browning, S., Corrigall, R., Garety, P., Emsley, R., & Jolley, S. (2013). Psychological interventions for adolescent psychosis: A pilot controlled trial in routine care. *European Psychiatry*, *28*(7), 423–426. https://doi.org/10.1016/j.eurpsy.2013.05.008

Bucci, S., Barrowclough, C., Ainsworth, J., Machin, M., Morris, R., Berry, K., Emsley, R., Lewis, S., Edge, D., Buchan, I., & Haddock, G. (2018). Actissist: Proof-of-concept trial of a theory-driven digital intervention for psychosis. *Schizophrenia Bulletin*, *44*(5), 1070–1080. https://doi.org/10.1093/schbul/sby032

Burns, A. M., Erickson, D. H., & Brenner, C. A. (2014). Cognitive-behavioral therapy for medication-resistant psychosis: a meta-analytic review. *Psychiatric Services*, *65*(7), 874–880. https://doi.org/10.1176/appi.ps.201300213

Burns, J., & Birrell, E. (2014). Enhancing early engagement with mental health services by young people. *Psychology Research and Behavior Management*, *7*, 303–312. https://doi.org/10.2147/PRBM.S49151

Buswell, G., Haime, Z., Lloyd-Evans, B., & Billings, J. (2021). A systematic review of PTSD to the experience of psychosis: prevalence and associated factors. *BMC Psychiatry*, *21*(1), 9. https://doi.org/10.1186/s12888-020-02999-x

Byrne, R. E., Bird, J. C., Reeve, S., Jones, W., Shiers, D., Morrison, A. P., Pyle, M., & Peters, S. (2020). Understanding young peoples' and family members' views of treatment for first episode psychosis in a randomised controlled trial (MAPS). *EClinicalMedicine*, *24*, 100417. https://doi.org/10.1016/j.eclinm.2020.100417

Caqueo-Urízar, A., Rus-Calafell, M., Urzúa, A., Escudero, J., & Gutiérrez-Maldonado, J. (2015). The role of family therapy in the management of schizophrenia: challenges and solutions. *Neuropsychiatric Disease and Treatment*, *11*, 145–151. https://doi.org/10.2147/NDT.S51331

Carrión, R. E., Correll, C. U., Auther, A. M., & Cornblatt, B. A. (2017). A severity-based clinical staging model for the psychosis prodrome: longitudinal findings from the New York recognition and prevention program. *Schizophrenia bulletin*, *43*(1), 64–74. https://doi.org/10.1093/schbul/sbw155

Catalan, A., Salazar de Pablo, G., Vaquerizo Serrano, J., Mosillo, P., Baldwin, H., Fernández-Rivas, A., Moreno, C., Arango, C., Correll, C. U., Bonoldi, I., & Fusar-Poli, P. (2021). Annual Research Review: Prevention of psychosis in adolescents – systematic review and meta-analysis of advances in detection, prognosis and intervention. *Journal of Child Psychology and Psychiatry and Allied Disciplines*, *62*(5), 657–673. https://doi.org/10.1111/jcpp.13322

Cavelti, M., Thompson, K., Chanen, A. M., & Kaess, M. (2021). Psychotic symptoms in borderline personality disorder: developmental aspects. *Current opinion in psychology*, *37*, 26–31. https://doi.org/10.1016/j.copsyc.2020.07.003

Chadwick, P., & Birchwood, M. (1994). The omnipotence of voices – a cognitive approach to auditory hallucinations. *British Journal of Psychiatry, 164*, 190–201. https://doi.org/10.1192/bjp.164.2.190

Chadwick, P., Lees, S., & Birchwood, M. (2000). The revised Beliefs About Voices Questionnaire (BAVQ-R). *British Journal of Psychiatry, 177*(3), 229–232. https://doi.org/10.1192/bjp.177.3.229

Chan, S. K. W., Chan, H. Y. V., Devlin, J., Bastiampillai, T., Mohan, T., Hui, C. L. M., Chang, W. C., Lee, E. H. M., & Chen, E. Y. H. (2019). A systematic review of long-term outcomes of patients with psychosis who received early intervention services. *International Review of Psychiatry, 31*(5-6), 425–440. https://doi.org/10.1080/09540261.2019.1643704

Church, S. M., Cotter, D., Bramon, E., & Murray, R. M. (2002). Does schizophrenia result from developmental or degenerative processes? *Journal of Neural Transmission. Supplementum*(63), 129–147. https://doi.org/10.1007/978-3-7091-6137-1_8

Compean, E., & Hamner, M. (2019). Posttraumatic stress disorder with secondary psychotic features (PTSD-SP): Diagnostic and treatment challenges. *Progress in Neuro-Psychopharmacology and Biological Psychiatry, 88*, 265–275. https://doi.org/10.1016/j.pnpbp.2018.08.001

Connell, M., Betts, K., McGrath, J. J., Alati, R., Najman, J., Clavarino, A., Mamun, A., Williams, G., & Scott, J. G. (2016). Hallucinations in adolescents and risk for mental disorders and suicidal behaviour in adulthood: Prospective evidence from the MUSP birth cohort study. *Schizophrenia Research, 176*(2-3), 546–551. https://doi.org/10.1016/j.schres.2016.06.009

Cooley, S. J., Jones, C. R., Kurtz, A., & Robertson, N. (2020). ›Into the Wild‹: A meta-synthesis of talking therapy in natural outdoor spaces. *Clinical Psychology Review, 77*, 101841. https://doi.org/10.1016/j.cpr.2020.101841

Correll, C. U., Galling, B., Pawar, A., Krivko, A., Bonetto, C., Ruggeri, M., Craig, T. J., Nordentoft, M., Srihari, V. H., Guloksuz, S., Hui, C. L. M., Chen, E. Y. H., Valencia, M., Juarez, F., Robinson, D. G., Schooler, N. R., Brunette, M. F., Mueser, K. T., Rosenheck, R. A.,…Kane, J. M. (2018). Comparison of early intervention services vs treatment as usual for early-phase psychosis: A systematic review, meta-analysis, and meta-regression. *JAMA psychiatry, 75*(6), 555–565. https://doi.org/10.1001/jamapsychiatry.2018.0623

Correll, C. U., Cortese, S., Croatto, G., Monaco, F., Krinitski, D., Arrondo, G., Ostinelli, E. G., Zangani, C., Fornaro, M., Estradé, A., Fusar-Poli, P., Carvalho, A. F., & Solmi, M. (2021). Efficacy and acceptability of pharmacological, psychosocial, and brain stimulation interventions in children and adolescents with mental disorders: an umbrella review. *World Psychiatry, 20*(2), 244–275. https://doi.org/10.1002/wps.20881

Craddock, N., & Owen, M. J. (2010). The Kraepelinian dichotomy–going, going… but still not gone. *The British Journal of Psychiatry, 196*(2), 92–95. https://doi:10.1192/bjp.bp.109.073429

Craig, T. K., Rus-Calafell, M., Ward, T., Leff, J. P., Huckvale, M., Howarth, E., Emsley, R., & Garety, P. A. (2018). AVATAR therapy for auditory verbal hallucinations in people with psychosis: a single-blind, randomised controlled trial. *Lancet Psychiatry, 5*(1), 31–40. https://doi.org/10.1016/S2215-0366(17)30427-3

Creek R, Fraser S, O'Donoghue B, Hughes F, Crlenjak C. (2015). A shared understanding: psychoeducation in early psychosis. Orygen, The National Centre of Excellence in Youth Mental Health.

Creese, I., Burt, D. R., & Snyder, S. H. (1976). Dopamine receptor binding predicts clinical and pharmacological potencies of antischizophrenic drugs. *Science, 192*(4238), 481–483. https://doi.org/10.1126/science.3854

D'Agostino, A., Rossi Monti, M., & Starcevic, V. (2019). Psychotic symptoms in borderline personality disorder: An update. *Current Opinion in Psychiatry, 32*(1), 22–26. https://doi.org/10.1097/YCO.0000000000000462

D'Alfonso, S., Santesteban-Echarri, O., Rice, S., Wadley, G., Lederman, R., Miles, C., Gleeson, J., & Alvarez-Jimenez, M. (2017). Artificial intelligence-assisted online social therapy for youth mental health. *Frontiers in Psychology, 8*, 796. https://doi.org/10.3389/fpsyg.2017.00796

Davidson, L., Chinman, M., Sells, D., & Rowe, M. (2006). Peer support among adults with serious mental illness: a report from the field. *Schizophrenia Bulletin*, *32*(3), 443–450. https://doi.org/10.1093/schbul/sbj043

Davies, C., Segre, G., Estradé, A., Radua, J., De Micheli, A., Provenzani, U., Oliver, D., Salazar de Pablo, G., Ramella-Cravaro, V., Besozzi, M., Dazzan, P., Miele, M., Caputo, G., Spallarossa, C., Crossland, G., Ilyas, A., Spada, G., Politi, P., Murray, R. M.,...Fusar-Poli, P. (2020). Prenatal and perinatal risk and protective factors for psychosis: a systematic review and meta-analysis. *Lancet Psychiatry*, *7*(5), 399–410. https://doi.org/10.1016/S2215-0366(20)30057-2

Deng, W., Addington, J., Bearden, C. E., Cadenhead, K. S., Cornblatt, B. A., Mathalon, D. H., McGlashan, T. H., Perkins, D. O., Seidman, L. J., Tsuang, M. T., Woods, S. W., Walker, E. F., Joormann, J., & Cannon, T. (2021). Depression Predicts Global Functional Outcomes in Individuals at Clinical High Risk for Psychosis. *Psychiatr Res Clin Pract*, *3*(4), 163–171. https://doi.org/10.1176/appi.prcp.20210023

Deutsche Gesellschaft für Psychiatrie und Psychotherapie, Psychosomatik und Nervenheilkunde e.V. (Hrsg). Für die Leitliniengruppe (2019), *S3-Leitlinie Schizophrenie* (AWMF-Register-Nr. 038–009, Langfassung, Version 1.0 von 1503.2019). https://register.awmf.org/de/leitlinien/detail/038-009.html

Edwards, C. J., Garety, P. A., & Hardy, A. (2020). Remembering the past to live better in the future: A feasibility randomised controlled trial of memory specificity training for motivation in psychosis. *Journal of Behavior Therapy and Experimental Psychiatry*, *68*, 101564. https://doi.org/10.1016/j.jbtep.2020.101564

Ellis, A. (1957) Rational psychotherapy and individual psychology. *Journal of Individual Psychology*, *13*, 38–44.

Emsley, R., Chiliza, B., Asmal, L., & Harvey, B. H. (2013). The nature of relapse in schizophrenia. *BMC Psychiatry*, *13*, 50. https://doi.org/10.1186/1471-244X-13-50

Estradé, A., Onwumere, J., Venables, J., Gilardi, L., Cabrera, A., Rico, J., Hoque, A., Otaiku, J., Hunter, N., Kéri, P., Kpodo, L., Sunkel, C., Bao, J., Shiers, D., Bonoldi, I., Kuipers, E., & Fusar-Poli, P. (2023). The lived experiences of family members and carers of people with psychosis: A bottom-up review co-written by experts by experience and academics. *Psychopathology*, *56*(5), 371–382. https://doi.org/10.1159/000528513

Fannon, D., Hayward, P., Thompson, N., Green, N., Surguladze, S., & Wykes, T. (2009). The self or the voice? Relative contributions of self-esteem and voice appraisal in persistent auditory hallucinations. *Schizophrenia Research*, *112*(1–3), 174–180. https://doi.org/10.1016/j.schres.2009.03.031

Farris, M. S., Shakeel, M. K. & Addington, J. (2020). Cannabis use in individuals at clinical high-risk for psychosis: A comprehensive review. *Social psychiatry and psychiatric epidemiology*, *55* (5), 527–537. https://doi.org/10.1007/s00127-019-01810-x

Fleischhacker, W. W., & Brooks, D. J. (Eds.). (2005). *Neurodevelopmental disorders* (Vol. 69). Springer Science & Business Media.

Fonseca-Pedrero, E., & Lemos-Giráldez, S. (2019). El síndrome psicótico:pasado, presente y futuro. In E. Fonseca-Pedrero (Ed.), *Tratamientos psicológicos para la psicosis*. Pirámide; Madrid.

Fowler, D., Hodgekins, J., Howells, L., Millward, M., Ivins, A., Taylor, G., Hackmann, C., Hill, K., Bishop, N., & Macmillan, I. (2009). Can targeted early intervention improve functional recovery in psychosis? A historical control evaluation of the effectiveness of different models of early intervention service provision in Norfolk 1998–2007. *Early Interv Psychiatry*, *3*(4), 282–288. https://doi.org/10.1111/j.1751-7893.2009.00146.x

Fowler, D., Hodgekins, J., Garety, P., Freeman, D., Kuipers, E., Dunn, G., Smith, B., & Bebbington, P. E. (2012). Negative cognition, depressed mood, and paranoia: A longitudinal pathway analysis using structural equation modeling. *Schizophrenia Bulletin*, *38*(5), 1063–1073. https://doi.org/10.1093/schbul/sbr019

Freeman, D., Garety, P. A., Fowler, D., Kuipers, E., Bebbington, P. E., & Dunn, G. (2004). Why do people with delusions fail to choose more realistic explanations for their experiences? An empirical investigation. *Journal of Consulting and Clinical Psychology*, *72*(4), 671–680. https://doi.org/10.1037/0022-006x.72.4.671

Freeman, D., Garety, P. A., Bebbington, P. E., Smith, B., Rollinson, R., Fowler, D., Kuipers, E., Ray, K., & Dunn, G. (2005). Psychological investigation of the structure of paranoia in a non-clinical population. *The British Journal of Psychiatry, 186*(5), 427–435. https://doi.org/10.1192/bjp.186.5.427

Freeman, D., Evans, N., & Lister, R. (2012). Gut feelings, deliberative thought, and paranoid ideation: a study of experiential and rational reasoning [Research Support, Non-U.S. Gov't]. *Psychiatry Research, 197*(1-2), 119–122. https://doi.org/10.1016/j.psychres.2011.12.031

Freeman, D., & Garety, P. A. (2014). Advances in understanding and treating persecutory delusions: a review. *Social Psychiatry and Psychiatric Epidemiology, 49*(8), 1179–1189. https://doi.org/10.1007/s00127-014-0928-7

Freeman, D., Startup, H., Dunn, G., Cernis, E., Wingham, G., Pugh, K., Cordwell, J., Mander, H., & Kingdon, D. (2014). Understanding jumping to conclusions in patients with persecutory delusions: working memory and intolerance of uncertainty. *Psychological Medicine, 44*(14), 3017–3024. https://doi.org/10.1017/S0033291714000592

Freeman, D. (2016). Persecutory delusions: a cognitive perspective on understanding and treatment. *Lancet Psychiatry, 3*(7), 685–692. https://doi.org/10.1016/S2215-0366(16)00066-3

Freeman, D., Bradley, J., Antley, A., Bourke, E., DeWeever, N., Evans, N., Černis, E., Sheaves, B., Waite, F., Dunn, G., Slater, M., & Clark, D. M. (2016). Virtual reality in the treatment of persecutory delusions: randomised controlled experimental study testing how to reduce delusional conviction. *British Journal of Psychiatry, 209*(1), 62–67. https://doi.org/10.1192/bjp.bp.115.176438

Freeman, D., Emsley, R., Diamond, R., Collett, N., Bold, E., Chadwick, E., Isham, L., Bird, J. C., Edwards, D., Kingdon, D., Fitzpatrick, R., Kabir, T., Waite, F., & Group, O. C. A. t. P. T. S. (2021). Comparison of a theoretically driven cognitive therapy (the Feeling Safe Programme) with befriending for the treatment of persistent persecutory delusions: a parallel, single-blind, randomised controlled trial. *Lancet Psychiatry, 8*(8), 696–707. https://doi.org/10.1016/S2215-0366(21)00158-9

Freeman, D., Lambe, S., Kabir, T., Petit, A., Rosebrock, L., Yu, L. M., Dudley, R., Chapman, K., Morrison, A., O'Regan, E., Aynsworth, C., Jones, J., Murphy, E., Powling, R., Galal, U., Grabey, J., Rovira, A., Martin, J., Hollis, C.,…Group, g. T. (2022). Automated virtual reality therapy to treat agoraphobic avoidance and distress in patients with psychosis (gameChange): a multicentre, parallel-group, single-blind, randomised, controlled trial in England with mediation and moderation analyses. *Lancet Psychiatry, 9*(5), 375–388. https://doi.org/10.1016/S2215-0366(22)00060-8

Freeman, D., & Loe, B. S. (2023). Explaining paranoia: cognitive and social processes in the occurrence of extreme mistrust. *BMJ Ment Health, 26*(1). https://doi.org/10.1136/bmjment-2023-300880

Fusar-Poli, P., Cappucciati, M., Rutigliano, G., Lee, T. Y., Beverly, Q., Bonoldi, I., Lelli, J., Kaar, S. J., Gago, E., Rocchetti, M., Patel, R., Bhavsar, V., Tognin, S., Badger, S., Calem, M., Lim, K., Kwon, J. S., Perez, J., & McGuire, P. (2016a). Towards a standard psychometric diagnostic interview for subjects at ultra high risk of psychosis: CAARMS versus SIPS. *Psychiatry Journal, 2016*, 7146341. https://doi.org/10.1155/2016/7146341

Fusar-Poli, P., Cappucciati, M., Borgwardt, S., Woods, S. W., Addington, J., Nelson, B., Nieman, D.H., Stahl, D.R., Rutigliano, G., Riecher-Rössler, A., Simon, A.E., Mizuno, M., Lee, T.Y., Kwon, J.S., Lam, M., Perez, J., Keri, S., Amminger, P., Metzler, S., Kawohl, W., Rössler, W., Lee, J. Labad, J., Zierman, T., Kyoon An, S., Liu, C., Woodberry, K., Braham, A., Corcoran, C., McGorry,P., Yung, A. McGuire, P. K. (2016b). Heterogeneity of psychosis risk within individuals at clinical high risk: a meta-analytical stratification. *JAMA psychiatry, 73*(2), 113–120. https://doi.org/10.1001/jamapsychiatry.2015.2324

Fusar-Poli, P. (2017). The clinical high-risk state for psychosis (CHR-P), version II. *Schizophrenia bulletin, 43*(1), 44–47. https://doi.org/10.1093/schbul/sbw158

Fusar-Poli, P., McGorry, P. D., & Kane, J. M. (2017). Improving outcomes of first-episode psychosis: an overview. *World psychiatry, 16*(3), 251–265. https://doi.org/10.1002/wps.20446

Fusar-Poli, P., De Micheli, A., Signorini, L., Baldwin, H., de Pablo, G. S., & McGuire, P. (2020). Real-world long-term outcomes in individuals at clinical risk for psychosis: the case for extending duration of care. *EClinicalMedicine*, 28. https://doi.org/10.1016/j.eclinm.2020.100578

Gannon, L., Mullen, E., McGorry, P., & O'Donoghue, B. (2024). Prevalence and predictors of admission at the time of presentation in first episode psychosis. *Social Psychiatry and Psychiatric Epidemiology*, 59(7), 1143–1151. https://doi.org/10.1007/s00127-023-02552-7

Garety, P. A., Kuipers, E., Fowler, D., Freeman, D., & Bebbington, P. E. (2001). A cognitive model of the positive symptoms of psychosis. *Psychological medicine*, 31(2), 189–195. doi:10.1017/S0033291701003312

Garety, P. A., Bebbington, P., Fowler, D., Freeman, D., & Kuipers, E. (2007). Implications for neurobiological research of cognitive models of psychosis: a theoretical paper. *Psychological Medicine*, 37(10), 1377–1391. https://doi.org/10.1017/S003329170700013x

Garety, P. A., & Freeman, D. (2013). The past and future of delusions research: from the inexplicable to the treatable. *British Journal of Psychiatry*, 203(5), 327–333. https://doi.org/10.1192/bjp.bp.113.126953

Garety, P., Ward, T., & Rus-Calafell, M. (2020). Beyond belief –new approaches to the treatment of paranoia. In J. C. Badcock & G. Paulik (Eds.), *A clinical introduction to Psychosis: Foundations for Clinical Psychologists and Neuropsychologists* (pp. 591–613). Academic Press. https://doi.org/10.1016/B978-0-12-815012-2.00025-0

Garety, P. A., Ward, T., Emsley, R., Greenwood, K., Freeman, D., Fowler, D., Kuipers, E., Bebbington, P., Rus-Calafell, M., McGourty, A., Sacadura, C., Collett, N., James, K., & Hardy, A. (2021a). Effects of SlowMo, a blended digital therapy targeting reasoning, on paranoia among people with psychosis: A randomized clinical trial. *JAMA psychiatry*, 78(7), 714–725. https://doi.org/10.1001/jamapsychiatry.2021.0326

Garety, P., Edwards, C. J., Ward, T., Emsley, R., Huckvale, M., McCrone, P., Rus-Calafell, M., Fornells-Ambrojo, M., Gumley, A., Haddock, G., Bucci, S., McLeod, H., Hardy, A., Peters, E., Myin-Germeys, I., & Craig, T. (2021b). Optimising AVATAR therapy for people who hear distressing voices: study protocol for the AVATAR2 multi-centre randomised controlled trial. *Trials*, 22(1), 366. https://doi.org/10.1186/s13063-021-05301-w

Ghaziuddin, M. (2005). *Mental health aspects of autism and asperger syndrome*. London: Jessica Kingsley.

Gilbert, P., Boxall, M., Cheung, M., & Irons, C. (2005). The relation of paranoid ideation and social anxiety in mixed clinical population. *Clinical Psychology and Psychotherapy.*, 12(2), 124–133. https://doi.org/10.1002/cpp.438

Gin, K., Stewart, C., Abbott, C., Banerjea, P., Bracegirdle, K., Browning, S., Byrne, M., Emsley, R., Ginestet, C., Hirsch, C., Kuipers, E., Laurens, K. R., Onwumere, J., Plant, D., Valmaggia, L., & Jolley, S. (2021). Psychosocial predictors of distressing unusual experiences in adolescence: Testing the fit of an adult cognitive model of psychosis. *Schizophrenia Research*, 237, 1–8. https://doi.org/10.1016/j.schres.2021.08.018

Glenthøj, L. B., Hjorthøj, C., Kristensen, T. D., Davidson, C. A., & Nordentoft, M. (2017). The effect of cognitive remediation in individuals at ultra-high risk for psychosis: a systematic review. *NPJ Schizophr*, 3, 20. https://doi.org/10.1038/s41537-017-0021-9

Gmeiner, A., Aslan, J., Gaglia, A., Rumpold, T., Schrank, B., Süßenbacher, S., & Amering, M. (2018). Überzeugungen und Belastungen durch Stimmenhören: die deutsche Version des Beliefs About Voices Questionnaire–Revised (BAVQ-R). *Neuropsychiatrie*, 32, 214–21. https://doi.org/10.1007/s40211-018-0291-0

Gottesman, I. I., & Shields, J. (1967). A polygenic theory of schizophrenia. *Proceedings of the National Academy of Sciences of the United States of America*, 58(1), 199–205. https://doi.org/10.1073/pnas.58.1.199

Grant, P. M., & Beck, A. T. (2009). Defeatist beliefs as a mediator of cognitive impairment, negative symptoms, and functioning in schizophrenia. *Schizophrenia Bulletin*, 35(4), 798–806. https://doi.org/10.1093/schbul/sbn008

Griffiths, S. L., Lalousis, P. A., Wood, S. J., & Upthegrove, R. (2022). Heterogeneity in treatment outcomes and incomplete recovery in first episode psychosis: does one size fit all? *Transl Psychiatry*, 12(1), 485. https://doi.org/10.1038/s41398-022-02256-7

Gronholm, P. C., Thornicroft, G., Laurens, K. R., & Evans-Lacko, S. (2017). Mental health-related stigma and pathways to care for people at risk of psychotic disorders or experiencing first-episode psychosis: a systematic review. *Psychological Medicine, 47*(11), 1867–1879. https://doi.org/10.1017/S0033291717000344

Gumley, A., & Schwannauer, M. (2006). *Staying Well After Psychosis: A Cognitive Interpersonal Approach to Recovery and Relapse Prevention.* Hoboken, NJ: John Wiley and Sons.

Gustavsson, A., Svensson, M., Jacobi, F., Allgulander, C., Alonso, J., Beghi, E., Dodel, R., Ekman, M., Faravelli, C., Fratiglioni, L., Gannon, B., Jones, D. H., Jennum, P., Jordanova, A., Jönsson, L., Karampampa, K., Knapp, M., Kobelt, G., Kurth, T.,...Group, C. S. (2011). Cost of disorders of the brain in Europe 2010. *European Neuropsychopharmacology, 21*(10), 718–779. https://doi.org/10.1016/j.euroneuro.2011.08.008

Habets, P., Marcelis, M., Gronenschild, E., Drukker, M., van Os, J., & (G.R.O.U.P), G. R. a. O. o. P. (2011). Reduced cortical thickness as an outcome of differential sensitivity to environmental risks in schizophrenia. *Biol Psychiatry, 69*(5), 487–494. https://doi.org/10.1016/j.biopsych.2010.08.010

Haddock, G., McCarron, J., Tarrier, N., & Faragher, E. B. (1999). Scales to measure dimensions of hallucinations and delusions: the psychotic symptom rating scales (PSYRATS). *Psychological medicine, 29*(4), 879–889. https://doi.org/10.1017/S0033291799008661

Häfner, H. (1995). Special issue schizophrenia in childhood and adolescence. *European Archives of Psychiatry and Clinical Neuroscience, 245*, 57–60. https://doi.org/10.1007/BF02190731

Hahlweg, K., & Baucom, D. H. (2023). Family therapy for persons with schizophrenia: neglected yet important. *European Archives of Psychiatry and Clinical Neuroscience, 273*(4), 819–824. https://doi.org/10.1007/s00406-022-01393-w

Haidl, T., Rosen, M., Schultze-Lutter, F., Nieman, D., Eggers, S., Heinimaa, M. & Ruhrmann, S. (2018). Expressed emotion as a predictor of the first psychotic episode — Results of the European prediction of psychosis study. *199*, 346–352. https://doi.org/10.1016/j.schres.2018.03.019

Haker, H., Lauber, C., & Rössler, W. (2005). Internet forums: a self-help approach for individuals with schizophrenia? *Acta Psychiatrica Scandinavica, 112*(6), 474–477. https://doi.org/10.1111/j.1600-0447.2005.00662.x

Hamilton, I., & Monaghan, M. (2019). Cannabis and psychosis: Are we any closer to understanding the relationship? *Current Psychiatry Reports, 21*(7), 48. https://doi.org/10.1007/s11920-019-1044-x

Hamshere, M. L., Stergiakouli, E., Langley, K., Martin, J., Holmans, P., Kent, L., Owen, M. J., Gill, M., Thapar, A., O'Donovan, M., & Craddock, N. (2013). Shared polygenic contribution between childhood attention-deficit hyperactivity disorder and adult schizophrenia. *The British Journal of Psychiatry, 203*(2), 107–111. https://doi.org/10.1192/bjp.bp.112.117432

Hardy, A., Emsley, R., Freeman, D., Bebbington, P., Garety, P. A., Kuipers, E. E., Dunn, G., & Fowler, D. (2016). Psychological mechanisms mediating effects between trauma and psychotic symptoms: The role of affect regulation, intrusive trauma memory, beliefs, and depression. *Schizophrenia Bulletin, 42* Suppl 1, S34–43. https://doi.org/10.1093/schbul/sbv175

Hardy, A. (2017). Pathways from trauma to Psychotic Experiences: A Theoretically Informed Model of Posttraumatic Stress in Psychosis [Hypothesis and Theory]. *Frontiers in Psychology, 8*. https://doi.org/10.3389/fpsyg.2017.00697

Hardy, A., van den Berg, D., & Longden, E. (2021). Trauma therapies for psychosis: A state-of-the-art review. *Psychology and Psychotherapy: Theory, Research and Practice, 94*(4), 1007–1032. https://doi.org/10.1111/papt.12499

Hardy, A., Keen, N., van den Berg, D., Varese, F., Longden, E., Ward, T., & Brand, R. M. (2024). Trauma therapies for psychosis: A state-of-the-art review. *Psychology and Psychotherapy, 97*(1), 74–90. https://doi.org/10.1111/papt.12499

Harrigan, S. M., McGorry, P. D., & Krstev, H. (2003). Does treatment delay in first-episode psychosis really matter? *Psychological Medicine, 33*(1), 97–110. https://www.ncbi.nlm.nih.gov/pubmed/12537041

Hartley, S., Barrowclough, C., & Haddock, G. (2013). Anxiety and depression in psychosis: a systematic review of associations with positive psychotic symptoms. *Acta Psychiatrica Scandinavica*, *128*(5), 327–346. https://doi.org/10.1111/acps.12080

Harvey, C. (2018). Family psychoeducation for people living with schizophrenia and their families. *BJPsych Advances*, *24*(1), 9–19. https://doi.org/10.1192/bja.2017.4

Hassanali, N., Ruffell, T., Browning, S., Bracegirdle, K., Ames, C., Corrigall, R., Laurens, K. R., Hirsch, C., Kuipers, E., Maddox, L., & Jolley, S. (2015). Cognitive bias and unusual experiences in childhood. *European Child and Adolescent Psychiatry*, *24*(8), 949–957. https://doi.org/10.1007/s00787-014-0644-6

Hazell, C. M., Hayward, M., Cavanagh, K., Jones, A. M., & Strauss, C. (2018). Guided self-help cognitive-behaviour Intervention for VoicEs (GiVE): Results from a pilot randomised controlled trial in a transdiagnostic sample. *Schizophrenia Research*, *195*, 441–447. https://doi.org/10.1016/j.schres.2017.10.004

Healy, C., Coughlan, H., Williams, J., Clarke, M., Kelleher, I., & Cannon, M. (2019). Changes in self-concept and risk of psychotic experiences in adolescence: a longitudinal population-based cohort study. *Journal of Child Psychology and Psychiatry*, *60*(11), 1164–1173. https://doi.org/10.1111/jcpp.13022

Heron, K. E., & Smyth, J. M. (2010). Ecological momentary interventions: incorporating mobile technology into psychosocial and health behaviour treatments. *British Journal of Health Psychology*, *15*(Pt 1), 1–39. https://doi.org/10.1348/135910709X466063

Herrera, S. N., Sarac, C., Phili, A., Gorman, J., Martin, L., Lyallpuri, R., Dobbs, M. F., DeLuca, J. S., Mueser, K. T., Wyka, K. E., Yang, L. H., Landa, Y., & Corcoran, C. M. (2023). Psychoeducation for individuals at clinical high risk for psychosis: A scoping review. *Schizophrenia Research*, *252*, 148–158. https://doi.org/10.1016/j.schres.2023.01.008

Homayoun, H., & Moghaddam, B. (2007). NMDA receptor hypofunction produces opposite effects on prefrontal cortex interneurons and pyramidal neurons. *Journal of Neuroscience*, *27*(43), 11496–11500. https://doi.org/10.1523/JNEUROSCI.2213-07.2007

Howes, O. D., & Murray, R. M. (2014). Schizophrenia: an integrated sociodevelopmental-cognitive model. *Lancet*, *383*(9929), 1677–1687. https://doi.org/10.1016/S0140-6736(13)62036-X

Howes, O. D., McCutcheon, R., & Stone, J. (2015). Glutamate and dopamine in schizophrenia: an update for the 21st century. *J Psychopharmacol*, *29*(2), 97–115. https://doi.org/10.1177/0269881114563634

Howes, O. D., & Nour, M. M. (2016). Dopamine and the aberrant salience hypothesis of schizophrenia. *World Psychiatry*, *15*(1), 3–4. https://doi.org/10.1002/wps.20276

Howes, O. D., Bose, S., Turkheimer, F., Valli, I., Egerton, A., Stahl, D., Valmaggia, L., Allen, P., Murray, R., & McGuire, P. (2011). Progressive increase in striatal dopamine synthesis capacity as patients develop psychosis: a PET study. *Molecular Psychiatry*, *16*(9), 885–886. https://doi.org/10.1038/mp.2011.20

Hua, L. L., Wilens, T. E., Martelon, M., Wong, P., Wozniak, J., & Biederman, J. (2011). Psychosocial functioning, familiality, and psychiatric comorbidity in bipolar youth with and without psychotic features. *The Journal of clinical psychiatry*, *72*(3), 397–405. https://doi.org/10.4088/JCP.10m06025yel

Humpston, C. S., & Woodward, T. S. (2024). Soundless voices, silenced selves: are auditory verbal hallucinations in schizophrenia truly perceptual? *Lancet Psychiatry*, *11*(8), 658–664. https://doi.org/10.1016/S2215-0366(24)00061-0

Jäckel, D., Willert, A., Brose, A., Leopold, K., Nischk, D., Senner, S., Pogarell, O., Sachenbacher, S., Lambert, M., Rohenkohl, A., Kling-Lourenco, P., Rüsch, N., Bermpohl, F., Schouler-Ocak, M., Disselhoff, V., Skorupa, U., & Bechdolf, A. (2023). Enhancing educational and vocational recovery in adolescents and young adults with early psychosis through Supported Employment and Education (SEEearly): study protocol for a multi-center randomized controlled trial. *Trials*, *24*(1), 440. https://doi.org/10.1186/s13063-023-07462-2

Jardri, R., Bartels-Velthuis, A. A., Debbané, M., Jenner, J. A., Kelleher, I., Dauvilliers, Y., Plazzi, G., Demeulmeester, M., David, C.N., Rapoport, J., Dobbelaere, D., Escher, R., & Fernyhough, C. (2014). From phenomenology to neurophysiological understanding of hallucinations in children and adolescents. *Schizophrenia bulletin, 40*(Suppl_4), S221–S232. https://doi.org/10.1093/schbul/sbu029

Jardri, R., Hugdahl, K., Hughes, M., Brunelin, J., Waters, F., Alderson-Day, B., Smailes, D., Sterzer, P., Corlett, P. R., Leptourgos, P., Debbané, M., Cachia, A., & Denève, S. (2016). Are hallucinations due to an imbalance between excitatory and inhibitory influences on the brain? *Schizophrenia Bulletin, 42*(5), 1124–1134. https://doi.org/10.1093/schbul/sbw075

Joa, I., Gisselgård, J., Brønnick, K., McGlashan, T., & Johannessen, J. O. (2015). Primary prevention of psychosis through interventions in the symptomatic prodromal phase, a pragmatic Norwegian Ultra High Risk study. *BMC Psychiatry, 15*, 89. https://doi.org/10.1186/s12888-015-0470-5

Johns, L., Jolley, S., Keen, N., & Peters, E. R. (2014a). CBT with people with psychosis. In W. A. & G. N. (Eds.), *How to become a more effective CBT Therapist.* Wiley. https://doi.org/10.1002/9781394266487.ch13

Johns, L. C., Kompus, K., Connell, M., Humpston, C., Lincoln, T. M., Longden, E., Preti, A., Alderson-Day, B., Badcock, J. C., Cella, M., Fernyhough, C., McCarthy-Jones, S., Peters, E., Raballo, A., Scott, J., Siddi, S., Sommer, I. E., & Laroi, F. (2014b). Auditory verbal hallucinations in persons with and without a need for care. *Schizophrenia Bulletin, 40*, S255–S264. https://doi.org/10.1093/schbul/sbu005

Johns, L., Isham, L., & Manser, R. (2020). Cognitive behavioural therapies for psychosis. In J. C. Badcock & G. Paulik (Eds.), *A clinical introduction to Psychosis: Foundations for clinical psychologists and neuropsychologists* (pp. 343–377). Academic Press.

Jolley, S., Kuipers, E., Stewart, C., Browning, S., Bracegirdle, K., Basit, N., Gin, K., Hirsch, C., Corrigall, R., Banerjea, P., Turley, G., Stahl, D., & Laurens, K. R. (2018). The coping with unusual experiences for children study (CUES): A pilot randomized controlled evaluation of the acceptability and potential clinical utility of a cognitive behavioural intervention package for young people aged 8–14 years with unusual experiences and emotional symptoms. *British Journal of Clinical Psychology, 57*(3), 328–350. https://doi.org/10.1111/bjc.12176

Jones, P., & Murray, R. M. (1991). The genetics of schizophrenia is the genetics of neurodevelopment. *British Journal of Psychiatry, 158*, 615–623. https://doi.org/10.1192/bjp.158.5.615

Kanfer, F. H., Reinecker, H., Schmelzer, D. (2000). *Selbstmanagement-Therapie.* Springer: Berlin, Heidelberg.

Kapur, S., Mizrahi, R., & Li, M. (2005). From dopamine to salience to psychosis-linking biology, pharmacology and phenomenology of psychosis. *Schizophrenia Research, 79*(1), 59–68. https://doi.org/10.1016/j.schres.2005.01.003

Karow, A., Holtmann, M., Koutsouleris, N., Pfennig, A., & Resch, F. (2019). [Psychotic disorders in the transition phase: early detection and early intervention]. *Fortschritte der Neurologie-Psychiatrie, 87*(11), 629–633. https://doi.org/10.1055/a-1025-1994

Kaufman, J., Birmaher, B., Brent, D., Rao, U., Flynn, C., Moreci, P., Williamson, D., & Ryan, N. (1997). Schedule for Affective Disorders and Schizophrenia for School-Age Children-Present and Lifetime Version (K-SADS-PL): initial reliability and validity data. *Journal of the American Academy of Child and Adolescent Psychiatry, 36*(7), 980–988. https://doi.org/10.1097/00004583-199707000-00021

Kay, S. R., Fiszbein, A., & Opler, L. A. (1987). The positive and negative syndrome scale (PANSS) for schizophrenia. *Schizophrenia bulletin, 13*(2), 261–276. https://doi.org/10.1093/schbul/13.2.261

Kelleher, I., Keeley, H., Corcoran, P., Ramsay, H., Wasserman, C., Carli, V., Sarchiapone, M., Hoven, C., Wasserman, D., & Cannon, M. (2013). Psychotic symptoms and population risk for suicide attempt: a prospective cohort study. *JAMA Psychiatry, 70*(9), 940–948. https://doi.org/10.1001/jamapsychiatry.2013.140

Kendler, K. S. (2015). A joint history of the nature of genetic variation and the nature of schizophrenia. *Molecular Psychiatry, 20*(1), 77–83. https://doi.org/10.1038/mp.2014.94

Kesby, J. P., Eyles, D. W., McGrath, J. J., & Scott, J. G. (2018). Dopamine, psychosis and schizophrenia: the widening gap between basic and clinical neuroscience. *Transl Psychiatry, 8*(1), 30. https://doi.org/10.1038/s41398-017-0071-9

Keshavan, M.S. and Kaneko, Y. (2013). Secondary psychoses: an update. *World Psychiatry, 12*, 4–15. https://doi.org/10.1002/wps.20001

Killackey, E., Jackson, H. J., & McGorry, P. D. (2008). Vocational intervention in first-episode psychosis: individual placement and support v. treatment as usual. *British Journal of Psychiatry, 193*(2), 114–120. https://doi.org/10.1192/bjp.bp.107.043109

Killackey, E., Allott, K., Jackson, H. J., Scutella, R., Tseng, Y. P., Borland, J., Proffitt, T. M., Hunt, S., Kay-Lambkin, F., Chinnery, G., Baksheev, G., Alvarez-Jimenez, M., McGorry, P. D., & Cotton, S. M. (2019). Individual placement and support for vocational recovery in first-episode psychosis: randomised controlled trial. *British Journal of Psychiatry, 214*(2), 76–82. https://doi.org/10.1192/bjp.2018.191

Kirkpatrick, B., Strauss, G. P., Nguyen, L., Fischer, B. A., Daniel, D. G., Cienfuegos, A., & Marder, S. R. (2011). The brief negative symptom scale: psychometric properties. *Schizophrenia bulletin, 37*(2), 300–305. https://doi.org/10.1093/schbul/sbq059

Kleiger, J. H., & Khadivi, A. (2015). *Assessing psychosis: A clinician's guide*. London: Routledge.

Kraan, T., Velthorst, E., Koenders, L., Zwaart, K., Ising, H. K., van den Berg, D., ... & van der Gaag, M. (2016). Cannabis use and transition to psychosis in individuals at ultra-high risk: review and meta-analysis. *Psychological medicine, 46*(4), 673–681. https://doi.org/10.1017/S0033291715002329

Kraepelin, E. (1913). Psychiatrie. Ein Lehrbuch für Studierende und Ärzte. III. Band. Klinische Psychiatrie, II. Teil. (8., vollständig umgearbeitete Auflage). Leipzig: Barth.

Krynicki, C. R., Upthegrove, R., Deakin, J. F. W., & Barnes, T. R. E. (2018). The relationship between negative symptoms and depression in schizophrenia: a systematic review. *Acta Psychiatrica Scandinavica, 137*(5), 380–390. https://doi.org/10.1111/acps.12873

Krystal, J. H., Karper, L. P., Seibyl, J. P., Freeman, G. K., Delaney, R., Bremner, J. D., Heninger, G. R., Bowers, M. B., & Charney, D. S. (1994). Subanesthetic effects of the noncompetitive NMDA antagonist, ketamine, in humans. Psychotomimetic, perceptual, cognitive, and neuroendocrine responses. *Archives of General Psychiatry, 51*(3), 199–214. https://doi.org/10.1001/archpsyc.1994.03950030035004

Kuipers, E., Onwumere, J., & Bebbington, P. (2010). Cognitive model of caregiving in psychosis. *British Journal of Psychiatry, 196*(4), 259–265. https://doi.org/10.1192/bjp.bp.109.070466

Kullmann, F., Teismann, T., Krause, K., Friedrich, S., Margraf, J., Schneider, S., & Rus-Calafell, M. (2023). Zugangsbarrieren zur Psychotherapie für Menschen mit Psychosen aus Psychotherapeut_innenperspektive: Eine explorative Studie. *Verhaltenstherapie, 33*(2–3), 64–74. https://doi.org/10.1159/000530422

Lambert, M., Bock, T., Schöttle, D., Golks, D., Meister, K., Rietschel, L., Bussopulos, A., Frieling, M., Schödlbauer, M., Burlon, M., Huber, C. G., Ohm, G., Pakrasi, M., Chirazi-Stark, M. S., Naber, D., & Schimmelmann, B. G. (2010a). Assertive community treatment as part of integrated care versus standard care: a 12-month trial in patients with first- and multiple-episode schizophrenia spectrum disorders treated with quetiapine immediate release (ACCESS trial). *Journal of Clinical Psychiatry, 71*(10), 1313–1323. https://doi.org/10.4088/JCP.09m05113yel

Lambert, M., Conus, P., Cotton, S., Robinson, J., McGorry, P. D., & Schimmelmann, B. G. (2010b). Prevalence, predictors, and consequences of long-term refusal of antipsychotic treatment in first-episode psychosis. *Journal of Clinical Psychopharmacology, 30*(5), 565–572. https://doi.org/10.1097/JCP.0b013e3181f058a0

Lancefield, K. S., Raudino, A., Downs, J. M., & Laurens, K. R. (2016). Trajectories of childhood internalizing and externalizing psychopathology and psychotic-like experiences in adolescence: A prospective population-based cohort study. *Development and Psychopathology, 28*(2), 527–536. https://doi.org/10.1017/S0954579415001108

Larsson, H., Rydén, E., Boman, M., Långström, N., Lichtenstein, P., & Landén, M. (2013). Risk of bipolar disorder and schizophrenia in relatives of people with attention-deficit hyperactivity disorder. *British Journal of Psychiatry, 203*(2), 103–106. https://doi.org/10.1192/bjp.bp.112.120808

Laurens, K. R., Hobbs, M. J., Sunderland, M., Green, M. J., & Mould, G. L. (2012). Psychotic-like experiences in a community sample of 8000 children aged 9 to 11 years: an item response theory analysis. *Psychological medicine*, *42*(7), 1495–1506. https://doi.org/10.1017/S0033291711002108

Leff, J., & Vaughn, C. (1980). The interaction of life events and relatives' expressed emotion in schizophrenia and depressive neurosis. *British Journal of Psychiatry*, *136*, 146–153. https://doi.org/10.1192/bjp.136.2.146

Lejeune, J. A., Northrop, A., & Kurtz, M. M. (2021). A meta-analysis of cognitive remediation for schizophrenia: Efficacy and the role of participant and treatment factors. *Schizophrenia Bulletin*, *47*(4), 997–1006. https://doi.org/10.1093/schbul/sbab022

Leonhardt, B. L., Huling, K., Hamm, J. A., Roe, D., Hasson-Ohayon, I., McLeod, H. J., & Lysaker, P. H. (2017). Recovery and serious mental illness: a review of current clinical and research paradigms and future directions. *Expert Review of Neurotherapeutics*, *17*(11), 1117–1130. https://doi.org/10.1080/14737175.2017.1378099

Leopold, K., Nikolaides, M., Bauer, A., Bechdolf, A., Correll, C. U., Jessen, F., Juckel, G., Karow, M., Lambert, M., Klosterkötter, J., Ruhrmann, S., Pfeiffer, S., & Pfenning, A. (2015). Angebote zur Früherkennung von Psychosen und bipolaren Störungen in Deutschland. *Der Nerveartz*, *86*(3). https://doi.org/10.1007/s00115-014-4119-2

Leucht, S., Tardy, M., Komossa, K., Heres, S., Kissling, W., Salanti, G., & Davis, J. M. (2012). Antipsychotic drugs versus placebo for relapse prevention in schizophrenia: a systematic review and meta-analysis. *Lancet*, *379*(9831), 2063–2071. https://doi.org/10.1016/S0140-6736(12)60239-6

Leucht, S., Bauer, S., Siafis, S., Hamza, T., Wu, H., Schneider-Thoma, J., Salanti, G., & Davis, J. M. (2021). Examination of dosing of antipsychotic drugs for relapse prevention in patients with stable schizophrenia: A meta-analysis. *JAMA psychiatry*, *78*(11), 1238–1248. https://doi.org/10.1001/jamapsychiatry.2021.2130

Levy, E., Traicu, A., Iyer, S., Malla, A., & Joober, R. (2015). Psychotic disorders comorbid with attention-deficit hyperactivity disorder: an important knowledge gap. *Canadian Journal of Psychiatry*, *60*(3 Suppl 2), 48–52.

Lieberman, J. A., & First, M. B. (2018). Psychotic disorders. *New England Journal of Medicine*, *379*(3), 270–280. https://doi.org/10.1056/NEJMra1801490

Lincoln, T. M., Mehl, S., Ziegler, M., Kesting, M. L., Exner, C., & Rief, W. (2010a). Is fear of others linked to an uncertain sense of self? The relevance of self-worth, interpersonal self-concepts, and dysfunctional beliefs to paranoia. *Behavior Therapy*, *41*(2), 187–197. https://doi.org/10.1016/j.beth.2009.02.004

Lincoln, T. M., Ziegler, M., Mehl, S., & Rief, W. (2010b). The jumping to conclusions bias in delusions: specificity and changeability [Research Support, Non-U.S. Gov't]. *Journal of Abnormal Psychology*, *119*(1), 40–49. https://doi.org/10.1037/a0018118

Lincoln, T. M., Marin, N., & Jaya, E. S. (2017). Childhood trauma and psychotic experiences in a general population sample: A prospective study on the mediating role of emotion regulation. *European Psychiatry*, *42*, 111–119. https://doi.org/10.1016/j.eurpsy.2016.12.010

Lincoln, T. (2019). *Kognitive Verhaltenstherapie der Schizophrenie: eine individuenzentrierter Ansatz* (3. Aufl.). Göttingen: Hogrefe Verlag. https://doi.org/10.1026/02956-000

Lincoln, T. M., & Peters, E. (2019). A systematic review and discussion of symptom specific cognitive behavioural approaches to delusions and hallucinations. *Schizophrenia Research*, *203*, 66–79. https://doi.org/10.1016/j.schres.2017.12.014

Linscott, R. J., & van Os, J. (2013). An updated and conservative systematic review and meta-analysis of epidemiological evidence on psychotic experiences in children and adults: on the pathway from proneness to persistence to dimensional expression across mental disorders. *Psychological Medicine*, *43*(6), 1133–1149. https://doi.org/10.1017/S0033291712001626

Loewy, R. L., Pearson, R., Vinogradov, S., Bearden, C. E., & Cannon, T. D. (2011). Psychosis risk screening with the Prodromal Questionnaire–brief version (PQ-B). *Schizophrenia research*, *129*(1), 42–46. https://doi.org/10.1016/j.schres.2011.03.029

Løkhammer, S., Stavrum, A. K., Polushina, T., Aas, M., Ottesen, A. A., Andreassen, O. A., Melle, I., & Le Hellard, S. (2022). An epigenetic association analysis of childhood trauma in psychosis reveals possible overlap with methylation changes associated with PTSD. *Translational Psychiatry*, *12*(1), 177. https://doi.org/10.1038/s41398-022-01936-8

Longden, E., Corstens, D., Escher, S., & Romme, M. (2012). Voice hearing in a biographical context: A model for formulating the relationship between voices and life history. *Psychosis-Psychological Social and Integrative Approaches*, 4(3), 224–234. https://doi.org/10.1080/17522439.2011.596566

Longden, E., Branitsky, A., Moskowitz, A., Berry, K., Bucci, S., & Varese, F. (2020). The relationship between dissociation and symptoms of psychosis: A meta-analysis. *Schizophrenia Bulletin*, 46(5), 1104–1113. https://doi.org/10.1093/schbul/sbaa037

Maher, B. A. (1988). Anomalous experience and delusional thinking: The logic of explanations. In B. A. Oltmanns & B. A. Maher (Eds.), *Delusional beliefs*. Hoboken, NJ: Wiley & Sons.

Mander, H., & Kingdon, D. (2015). The evolution of cognitive-behavioral therapy for psychosis. *Psychology Research and Behavior Management*, 8, 63–69. https://doi.org/10.2147/PRBM.S52267

Manzella, F., Maloney, S. E., & Taylor, G. T. (2015). Smoking in schizophrenic patients: a critique of the self-medication hypothesis. *World journal of psychiatry*, 5(1), 35. https://doi.org/10.5498/wjp.v5.i1.35

Marconi, A., Di Forti, M., Lewis, C. M., Murray, R. M., & Vassos, E. (2016). Meta-analysis of the association between the level of cannabis use and risk of psychosis. *Schizophrenia bulletin*, 42(5), 1262–1269. https://doi.org/10.1093/schbul/sbw003

Marshall, M., Lewis, S., Lockwood, A., Drake, R., Jones, P., & Croudace, T. (2005). Association between duration of untreated psychosis and outcome in cohorts of first-episode patients: a systematic review. *Archives of general psychiatry*, 62(9), 975–983. https://doi.org/10.1001/archpsyc.62.9.975

Maurer, K., Hörrmann, F., Trendler, G., Schmidt, M., Häfner, H., Maier, W., ... & Bottlender, R. (2006). Früherkennung des Psychoserisikos mit dem early recognition inventory (ERIraos). *Nervenheilkunde*, 25(01/02), 11–16. https://doi.org/10.1055/s-0038-1626434

Maurer, K., Zink, M., Rausch, F., & Häfner, H. (2018). The early recognition inventory ERIraos assesses the entire spectrum of symptoms through the course of an at-risk mental state. *Early intervention in psychiatry*, 12(2), 217–228. https://doi.org/10.1111/eip.12305

Mawson, A., Cohen, K., & Berry, K. (2010). Reviewing evidence for the cognitive model of auditory hallucinations: The relationship between cognitive voice appraisals and distress during psychosis. *Clinical Psychology Review*, 30(2), 248–258. https://doi.org/10.1016/j.cpr.2009.11.006

McCarthy-Jones, S., Trauer, T., Mackinnon, A., Sims, E., Thomas, N., & Copolov, D. L. (2014). A New phenomenological survey of auditory hallucinations: Evidence for subtypes and implications for theory and practice. *Schizophrenia Bulletin*. 40, 231–235. https://doi.org/10.1093/schbul/sbs156

McCarthy-Jones, S., & Longden, E. (2015). Auditory verbal hallucinations in schizophrenia and post-traumatic stress disorder: common phenomenology, common cause, common interventions? *Frontiers in Psychology*, 6, 1071. https://doi.org/10.3389/fpsyg.2015.01071

McEnery, C., Lim, M. H., Tremain, H., Knowles, A., & Alvarez-Jimenez, M. (2019). Prevalence rate of social anxiety disorder in individuals with a psychotic disorder: A systematic review and meta-analysis. *Schizophrenia Research*, 208, 25–33. https://doi.org/10.1016/j.schres.2019.01.045

McGlashan, T. H., Walsh, B. C., & Woods, S. W. (2010). *The psychosis-risk syndrome: Handbook for diagnosis and follow-Up*. Oxford: Oxford University Press.

McGorry, P. D., Hickie, I. B., Yung, A. R., Pantelis, C., & Jackson, H. J. (2006). Clinical staging of psychiatric disorders: a heuristic framework for choosing earlier, safer and more effective interventions. *Australian & New Zealand Journal of Psychiatry*, 40(8), 616–622. https://doi.org/10.1080/j.1440-1614.2006.01860.x

McGorry, P. D., Purcell, R., Hickie, I. B., Yung, A. R., Pantelis, C., & Jackson, H. J. (2007). Clinical staging: a heuristic model for psychiatry and youth mental health. *Medical Journal of Australia*, 187(S7), S40–S42. https://doi.org/10.5694/j.1326-5377.2007.tb01335.x

McGorry, P. D., & Hickie, I. B. (Eds.). (2019). *Clinical staging in psychiatry*. Cambridge University Press.

McGrath, J. J., Saha, S., Al-Hamzawi, A., Alonso, J., Bromet, E. J., Bruffaerts, R., Caldas-de-Almeida, J. M., Chiu, W. T., de Jonge, P., Fayyad, J., Florescu, S., Gureje, O., Haro, J. M., Hu, C., Kovess-Masfety, V., Lepine, J. P., Lim, C. C., Mora, M. E., Navarro-Mateu, F.,... Kessler, R. C. (2015). Psychotic experiences in the general population: A cross-national analysis based on 31,261 respondents from 18 countries. *JAMA Psychiatry*, 72(7), 697–705. https://doi.org/10.1001/jamapsychiatry.2015.0575

McLean, B. F., Mattiske, J. K., & Balzan, R. P. (2017). Association of the jumping to conclusions and evidence integration biases with delusions in psychosis: A detailed meta-analysis. *Schizophrenia Bulletin*, 43(2), 344–354. https://doi.org/10.1093/schbul/sbw056

Mehler-Wex, C., Riederer, P., & Gerlach, M. J. N. R. (2006). Dopaminergic disbalance in distinct basal ganglia neurocircuits: implications for the pathophysiology of Parkinson's disease, schizophrenia and attention deficit hyperactivity disorder. *Neurotoxicity research*, 10, 167–179. https://doi.org/10.1007/BF03033354

Meneghelli, A., Barbera, S., Meliante, M., Monzani, E., Preti, A., Cocchi, A., & Percudani, M. (2020). Outcome at 2-year of treatment in first-episode psychosis patients who were enrolled in a specialized early intervention program. *Psychiatry Research*, 291, 113200. https://doi.org/10.1016/j.psychres.2020.113200

Michail, M., & Birchwood, M. (2013). Social anxiety disorder and shame cognitions in psychosis. *Psychological Medicine*, 43(1), 133–142. https://doi.org/10.1017/S0033291712001146

Miles, H., Peters, E., & Kuipers, E. (2006). Service-User Satisfaction with CBT for Psychosis. *Behavioural and Cognitive Psychotherapy*, 35(1), 109–116. https://doi.org/10.1017/S1352465806003158

Miley, K., Hadidi, N., Kaas, M., & Yu, F. (2020). Cognitive training and remediation in first-episode psychosis: A literature review. *Journal of the American Psychiatric Nurses Association*, 26(6), 542–554. https://doi.org/10.1177/1078390319877952

Miller, T. J., McGlashan, T. H., Woods, S. W., Stein, K., Driesen, N., Corcoran, C. M., Hoffman, R., & Davidson, L. (1999). *Structured Interview for Prodromal Symptoms (SIPS)* [Database record]. APA PsycTests. https://doi.org/10.1037/t15939-000

Mineka, S., & Thomas, C. (1999). Mechanisms of change in exposure therapy for anxiety disorders. In T. Dalgleish & M. J. Power (Eds.), *Handbook of cognition and emotion*. Hoboken, NJ: John Wiley & Sons.

Morgan, C., Reininghaus, U., Fearon, P., Hutchinson, G., Morgan, K., Dazzan, P., Boydell, J., Kirkbride, J. B., Doody, G. A., Jones, P. B., Murray, R. M., & Craig, T. (2014). Modelling the interplay between childhood and adult adversity in pathways to psychosis: initial evidence from the AESOP study. *Psychological Medicine*, 44(2), 407–419. https://doi.org/10.1017/S0033291713000767

Moritz, S., Veckenstedt, R., Randjbar, S., Vitzthum, F., & Woodward, T. S. (2011). Antipsychotic treatment beyond antipsychotics: metacognitive intervention for schizophrenia patients improves delusional symptoms. *Psychological Medicine*, 41(9), 1823–1832. https://doi.org/10.1017/S0033291710002618

Morrison, A. P., & Haddock, G. (1997). Cognitive factors in source monitoring and auditory hallucinations. *Psychological Medicine*, 27(3), 669–679. https://doi.org/10.1017/S003329179700487x

Morrison, A. P. (2001). The interpretation of intrusions in psychosis: An integrative cognitive approach to hallucinations and delusions. *Behavioural and Cognitive Psychotherapy*, 29(3), 257–276. https://doi.org/10.1017/S1352465801003010

Morrison, A. P., Renton, J., Dunn, H., Williams, S., & Bentall, R. P. (2004). *Cognitive therapy for psychosis: a formulation-based approach*. New York: Routledge. https://doi.org/10.4324/9780203493465

Morrison, A. P. (2017). A manualised treatment protocol to guide delivery of evidence-based cognitive therapy for people with distressing psychosis: Learning from clinical trials. *Psychosis-Psychological Social and Integrative Approaches*, 9(3), 271 281. https://doi.org/10.1080/17522439.2017.1295098

Morrison, A. P., Pyle, M., Maughan, D., Johns, L., Freeman, D., Broome, M. R., Husain, N., Fowler, D., Hudson, J., MacLennan, G., Norrie, J., Shiers, D., Hollis, C., James, A., & group, M. (2020). Antipsychotic medication versus psychological intervention versus a combination of both in adolescents with first-episode psychosis (MAPS): a multicentre, three-arm, randomised controlled pilot and feasibility study. *Lancet Psychiatry, 7*(9), 788–800. https://doi.org/10.1016/S2215-0366(20)30248-0

Morriss, R., Vinjamuri, I., Faizal, M. A., Bolton, C. A., & McCarthy, J. P. (2013). Training to recognise the early signs of recurrence in schizophrenia. *Cochrane Database of Systematic Reviews*(2), CD005147. https://doi.org/10.1002/14651858.CD005147.pub2

Murphy, S. M., Irving, C. B., Adams, C. E., & Waqar, M. (2015). Crisis intervention for people with severe mental illnesses. *Cochrane Database of Systematic Reviews, 2015*(12), CD001087. https://doi.org/10.1002/14651858.CD001087.pub5

Murray, J. D., Anticevic, A., Gancsos, M., Ichinose, M., Corlett, P. R., Krystal, J. H., & Wang, X. J. (2014). Linking microcircuit dysfunction to cognitive impairment: effects of disinhibition associated with schizophrenia in a cortical working memory model. *Cerebral Cortex, 24*(4), 859–872. https://doi.org/10.1093/cercor/bhs370

Murray, R. M., & Lewis, S. W. (1987). Is schizophrenia a neurodevelopmental disorder? *British Medical Journal (Clinical Research Ed.), 295*(6600), 681–682. https://doi.org/10.1136/bmj.295.6600.681

Myin-Germeys, I., Oorschot, M., Collip, D., Lataster, J., Delespaul, P., & van Os, J. (2009). Experience sampling research in psychopathology: opening the black box of daily life. *Psychological Medicine, 39*(9), 1533–1547. https://doi.org/10.1017/S0033291708004947

Naslund, J. A., Aschbrenner, K. A., Marsch, L. A., & Bartels, S. J. (2016). The future of mental health care: peer-to-peer support and social media. *Epidemiol Psychiatr Sci, 25*(2), 113–122. https://doi.org/10.1017/S2045796015001067

National Institute for Health and Clinical Excellence (NICE). (2013). Psychosis and Schizophrenia in children and young people: Recognition and management.

National Institute for Health and Care Excellence (NICE). (2014). Psychosis and schizophrenia in adults: Treatment and management (CG178).

Nelson, B., Yuen, K., & Yung, A. R. (2011). Ultra high risk (UHR) for psychosis criteria: are there different levels of risk for transition to psychosis? *Schizophrenia research, 125*(1), 62–68. https://doi.org/10.1016/j.schres.2010.10.017

Nelson, B., Thompson, A., & Yung, A. R. (2012). Basic self-disturbance predicts psychosis onset in the ultra high risk for psychosis »prodromal« population. *Schizophrenia Bulletin, 38*(6), 1277–1287. https://doi.org/10.1093/schbul/sbs007

Nourredine, M., Gering, A., Fourneret, P., Rolland, B., Falissard, B., Cucherat, M., Geoffray, M. M. & Jurek, L. (2021). Association of Attention-Deficit/Hyperactivity Disorder in childhood and adolescence with the risk of subsequent psychotic disorder: A systematic review and meta-analysis. *JAMA psychiatry, 78*(5), 519–529. https://doi.org/10.1001/jamapsychiatry.2020.4799

Novick, D., Haro, J. M., Suarez, D., Perez, V., Dittmann, R. W., & Haddad, P. M. (2010). Predictors and clinical consequences of non-adherence with antipsychotic medication in the outpatient treatment of schizophrenia. *Psychiatry Research, 176*(2–3), 109–113. https://doi.org/10.1016/j.psychres.2009.05.004

Nuechterlein, K. H., & Dawson, M. E. (1984). A heuristic vulnerability/stress model of schizophrenic episodes. *Schizophrenia Bulletin, 10*(2), 300–312. https://doi.org/10.1093/schbul/10.2.300

Nuechterlein, K. H., Subotnik, K. L., Ventura, J., Turner, L. R., Gitlin, M. J., Gretchen-Doorly, D., Becker, D. R., Drake, R. E., Wallace, C. J., & Liberman, R. P. (2020). Enhancing return to work or school after a first episode of schizophrenia: the UCLA RCT of Individual Placement and Support and Workplace Fundamentals Module training. *Psychological Medicine, 50*(1), 20–28. https://doi.org/10.1017/S0033291718003860

Oliver, D., Reilly, T. J., Baccaredda Boy, O., Petros, N., Davies, C., Borgwardt, S., ... & Fusar-Poli, P. (2020). What causes the onset of psychosis in individuals at clinical high risk? A meta-analysis of risk and protective factors. *Schizophrenia bulletin, 46*(1), 110–120. https://doi.org/10.1093/schbul/sbz039

Onwumere, J., Grice, S., & Kuipers, E. (2016). Delivering cognitive-behavioural family interventions for schizophrenia. *Australian Psychologist, 51*(1), 52–61. https://doi.org/10.1111/ap.12179

Outram, S., Harris, G., Kelly, B., Bylund, C. L., Cohen, M., Landa, Y., Levin, T., Sandhu, H., Vamos, M., & Loughland, C. (2015). ›We didn't have a clue‹: Family caregivers' experiences of the communication of a diagnosis of schizophrenia. *International Journal of Social Psychiatry*, *61*(1), 10–16. https://doi.org/10.1177/0020764014535751

Pagsberg, A. K., Tarp, S., Glintborg, D., Stenstrøm, A. D., Fink-Jensen, A., Correll, C. U., & Christensen, R. (2017). Acute antipsychotic treatment of children and adolescents with schizophrenia-spectrum disorders: A systematic review and network meta-Analysis. *Journal of the American Academy of Child and Adolescent Psychiatry*, *56*(3), 191–202. https://doi.org/10.1016/j.jaac.2016.12.013

Peach, N., Alvarez-Jimenez, M., Cropper, S. J., Sun, P., Halpin, E., O'Connell, J., & Bendall, S. (2021). Trauma and the content of hallucinations and post-traumatic intrusions in first-episode psychosis. *Psychology and Psychotherapy*, *94*(2), 223–241. https://doi.org/10.1111/papt.12273

Penttilä, M., Jääskeläinen, E., Hirvonen, N., Isohanni, M., & Miettunen, J. (2014). Duration of untreated psychosis as predictor of long-term outcome in schizophrenia: systematic review and meta-analysis. *The British Journal of Psychiatry*, *205*(2), 88–94. https://doi.org/10.1192/bjp.bp.113.127753

Perälä, J., Suvisaari, J., Saarni, S. I., Kuoppasalmi, K., Isometsä, E., Pirkola, S., Partonen, T., Tuulio-Henriksson, A., Hintikka, J., Kieseppä, T., Härkänen, T., Koskinen, S., & Lönnqvist, J. (2007). Lifetime prevalence of psychotic and bipolar I disorders in a general population. *Archives of General Psychiatry*, *64*(1), 19–28. https://doi.org/10.1001/archpsyc.64.1.19

Pereira, E., Mota-Oliveira, M., Guedes, R., Peixoto, M. J., Ferraz, I., & Silveira, C. (2017). Relapse after first-episode psychosis: a 3 years follow-up. *European Psychiatry*, *41*, S276. https://doi.org/10.1016/j.eurpsy.2017.02.113

Peters, E. R., Williams, S. L., Cooke, M. A., & Kuipers, E. (2012). It's not what you hear, it's the way you think about it: appraisals as determinants of affect and behaviour in voice hearers. *Psychological Medicine*, *42*(7), 1507–1514. https://doi.org/10.1017/S0033291711002650

Peters, E., Ward, T., Jackson, M., Morgan, C., Charalambides, M., McGuire, P., … & Garety, P. A. (2016). Clinical, socio-demographic and psychological characteristics in individuals with persistent psychotic experiences with and without a »need for care«. *World Psychiatry*, *15*(1), 41–52. https://doi.org/10.1002/wps.20301

Peters, E., Ward, T., Jackson, M., Woodruff, P., Morgan, C., McGuire, P., & Garety, P. A. (2017). Clinical relevance of appraisals of persistent psychotic experiences in people with and without a need for care: an experimental study. *Lancet Psychiatry*, *4*(12), 927–936. https://doi.org/10.1016/S2215-0366(17)30409-1

Pisano, S., Catone, G., Pascotto, A., Iuliano, R., Tiano, C., Milone, A., Masi, G., & Gritti, A. (2015). Paranoid thoughts in adolescents with social anxiety disorder. *Child Psychiatry & Human Development*, *47*(5), 792–798. https://doi.org/10.1007/s10578-015-0612-5

Poulton, R., Caspi, A., Moffitt, T. E., Cannon, M., Murray, R., & Harrington, H. (2000). Children's self-reported psychotic symptoms and adult schizophreniform disorder: a 15-year longitudinal study. *Archives of general psychiatry*, *57*(11), 1053–1058. https://doi.org/10.1001/archpsyc.57.11.1053

Pruessner, M., Cullen, A. E., Aas, M., & Walker, E. F. (2017). The neural diathesis-stress model of schizophrenia revisited: An update on recent findings considering illness stage and neurobiological and methodological complexities. *Neuroscience and Biobehavioral Reviews*, *73*, 191–218. https://doi.org/10.1016/j.neubiorev.2016.12.013

Puntis, S., Oke, J., & Lennox, B. (2018). Discharge pathways and relapse following treatment from early intervention in psychosis services. *BJPsych Open*, *4*(5), 368–374. https://doi.org/10.1192/bjo.2018.50

Purcell, S. M., Moran, J. L., Fromer, M., Ruderfer, D., Solovieff, N., Roussos, P., O'Dushlaine, C., Chambert, K., Bergen, S. E., Kähler, A., Duncan, L., Stahl, E., Genovese, G., Fernández, E., Collins, M. O., Komiyama, N. H., Choudhary, J. S., Magnusson, P. K., Banks, E.,…Sklar, P. (2014). A polygenic burden of rare disruptive mutations in schizophrenia. *Nature*, *506*(7487), 185–190. https://doi.org/10.1038/nature12975

Raballo, A., Poletti, M., & Preti, A. (2022). Editorial Perspective: Psychosis risk in adolescence–outcomes, comorbidity, and antipsychotics. *Journal of Child Psychology and Psychiatry*, 63(2), 241–244. https://doi.org/10.1111/jcpp.13438

Radez, J., Reardon, T., Creswell, C., Lawrence, P. J., Evdoka-Burton, G., & Waite, P. (2021). Why do children and adolescents (not) seek and access professional help for their mental health problems? A systematic review of quantitative and qualitative studies. *European Child and Adolescent Psychiatry*, 30(2), 183–211. https://doi.org/10.1007/s00787-019-01469-4

Rahim, T. A. & Rashid, R. (2017). Comparison of depression symptoms between primary depression and secondary-to-schizophrenia depression. *International Journal of Psychiatry in Clinical Practice*, 21(4), 314–317. https://doi.org/10.1080/13651501.2017.1324036

Reininghaus, U., Depp, C. A., & Myin-Germeys, I. (2016a). Ecological interventionist causal models in psychosis: Targeting psychological mechanisms in daily life. *Schizophrenia Bulletin*, 42(2), 264–269. https://doi.org/10.1093/schbul/sbv193

Reininghaus, U., Kempton, M. J., Valmaggia, L., Craig, T. K., Garety, P., Onyejiaka, A., Gayer-Anderson, C., So, S. H., Hubbard, K., Beards, S., Dazzan, P., Pariante, C., Mondelli, V., Fisher, H. L., Mills, J. G., Viechtbauer, W., McGuire, P., van Os, J., Murray, R. M.,... Morgan, C. (2016b). Stress sensitivity, aberrant salience, and threat anticipation in early psychosis: An experience sampling study. *Schizophrenia Bulletin*, 42(3), 712–722. https://doi.org/10.1093/schbul/sbv190

Remschmidt, H., & Theisen, F. (2011). *Schizophrenie*. In: Manuale psychischer Störungen bei Kindern und Jugendlichen. Berlin, Heidelberg: Springer-Verlag. https://doi.org/10.1007/978-3-540-36273-9

Repper, J., & Carter, T. (2011). A review of the literature on peer support in mental health services. *Journal of Mental Health*, 20(4), 392–411. https://doi.org/10.3109/09638237.2011.583947

Rho, A., Traicu, A., Lepage, M., Iyer, S. N., Malla, A., & Joober, R. (2015). Clinical and functional implications of a history of childhood ADHD in first-episode psychosis. *Schizophrenia Research*, 165(2), 128–133. https://doi.org/10.1016/j.schres.2015.03.031

Robert Koch-Institut, & Statistisches Bundesamt. (2010). *Schizophrenie*. *Gesundheitsberichterstattung des Bundes* (Heft 50). Berlin: Robert Koch-Institut.

Robinson, J., Cotton, S., Conus, P., Graf Schimmelmann, B., McGorry, P., & Lambert, M. (2009). Prevalence and predictors of suicide attempt in an incidence cohort of 661 young people with first-episode psychosis. *Australian & New Zealand Journal of Psychiatry*, 43(2), 149–157. https://doi.org/10.1080/00048670802607162

Romeo, Z., & Spironelli, C. (2022). Hearing voices in the head: Two meta-analyses on structural correlates of auditory hallucinations in schizophrenia. *Neuroimage Clin*, 36, 103241. https://doi.org/10.1016/j.nicl.2022.103241

Rouhakhtar, P. R., Pitts, S. C., Millman, Z. B., Andorko, N. D., Redman, S., Wilson, C., Demro, C., Phalen, P., Walsh, B., Woods, S., Reeves, G. M., & Schiffman, J. (2019). The impact of age on the validity of psychosis-risk screening in a sample of help-seeking youth. *Psychiatry research*, 274, 30–35. https://doi.org/10.1016/j.psychres.2019.02.020

Rounsaville, B. J. (2007). DSM-V research agenda: substance abuse/psychosis comorbidity. *Schizophrenia bulletin*, 33(4), 947–952. https://doi.org/10.1093/schbul/sbm054

Rubio, J. M., Sanjuán, J., Flórez-Salamanca, L., & Cuesta, M. J. (2012). Examining the course of hallucinatory experiences in children and adolescents: a systematic review. *Schizophrenia research*, 138(2–3), 248–254. https://doi.org/10.1016/j.schres.2012.03.012

Rummel-Kluge, C., Schuster, T., Peters, S., & Kissling, W. (2008). Partial compliance with antipsychotic medication is common in patients with schizophrenia. *Australian and New Zealand Journal of Psychiatry*, 42(5), 382–388. https://doi.org/10.1080/00048670801961107

Rus-Calafell, M., Garety, P., Sason, E., Craig, T. J. K., & Valmaggia, L. R. (2018). Virtual reality in the assessment and treatment of psychosis: a systematic review of its utility, acceptability and effectiveness. *Psychological Medicine*, 48(3), 362–391. https://doi.org/10.1017/S0033291717001945

Rus-Calafell, M., & Schneider, S. (2020). Are we there yet?!-a literature review of recent digital technology advances for the treatment of early psychosis. *Mhealth*, 6(1). https://doi.org/10.21037/mhealth.2019.09.14

Rus-Calafell, M., Ward, T., Zhang, X. C., Edwards, C. J., Garety, P., & Craig, T. (2020). The role of sense of voice presence and anxiety reduction in AVATAR therapy. *J Clin Med*, *9*(9). https://doi.org/10.3390/jcm9092748

Rus-Calafell, M., Ehrbar, N., Ward, T., Edwards, C., Huckvale, M., Walke, J., Garety, P., & Craig, T. (2022). Participants' experiences of AVATAR therapy for distressing voices: a thematic qualitative evaluation. *BMC Psychiatry*, *22*(1), 356. https://doi.org/10.1186/s12888-022-04010-1

Rus-Calafell, M., Teismann, T., Kullmann, F., Alatas, D., Ballero-Reque, C., Holewa, J., Rüsberg, M., Brüne, M., Paino, M., & Schneider, S. (2024). Internet-based psychoeducation and support programme for relatives of young people with early psychosis: results of the first German-language intervention. *Front Psychiatry*, *15*, 1248526. https://doi.org/10.3389/fpsyt.2024.1248526

Salazar de Pablo, G., Catalan, A., & Fusar-Poli, P. (2020). Clinical validity of DSM-5 attenuated psychosis syndrome: advances in diagnosis, prognosis, and treatment. *JAMA psychiatry*, *77*(3), 311–320. https://doi.org/10.1001/jamapsychiatry.2019.3561

Salazar de Pablo, G., Woods, S. W., Drymonitou, G., de Diego, H., & Fusar-Poli, P. (2021a). Prevalence of individuals at clinical high-risk of psychosis in the general population and clinical samples: systematic review and meta-analysis. *Brain sciences*, *11*(11), 1544. https://doi.org/10.3390/brainsci11111544

Salazar de Pablo, G., Radua, J., Pereira, J., Bonoldi, I., Arienti, V., Besana, F., Soardo, L., Cabras, A., Fortea, L., Catalan, A., Vaquerizo-Serrano, J., Coronelli, F., Kaur, S., Da Silva, J., Shin, J. I., Solmi, M., Brondino, N., Politi, P., McGuire, P., & Fusar-Poli, P. (2021b). Probability of Transition to Psychosis in Individuals at Clinical High Risk: An Updated Meta-analysis. *JAMA psychiatry*, *78*(9), 970–978. https://doi.org/10.1001/jamapsychiatry.2021.0830

Salokangas, R. K., Schultze-Lutter, F., Hietala, J., Heinimaa, M., From, T., Ilonen, T., Löyttyniemi, E., von Reventlow, H. G., Juckel, G., Linszen, D., Dingemans, P., Birchwood, M., Patterson, P., Klosterkötter, J., Ruhrmann, S., & Group, E. (2016). Depression predicts persistence of paranoia in clinical high-risk patients to psychosis: results of the EPOS project. *Social Psychiatry and Psychiatric Epidemiology*, *51*(2), 247–257. https://doi.org/10.1007/s00127-015-1160-9

Sass, L. A., & Parnas, J. (2003). Schizophrenia, consciousness, and the self. *Schizophrenia Bulletin*, *29*(3), 427–444. https://doi.org/10.1093/oxfordjournals.schbul.a007017

Sass, L., Borda, J. P., Madeira, L., Pienkos, E., & Nelson, B. (2018). Varieties of self disorder: A bio-pheno-social model of schizophrenia. *Schizophrenia Bulletin*, *44*(4), 720–727. https://doi.org/10.1093/schbul/sby001

Schäfer, I., & Fisher, H. L. (2011). Childhood trauma and psychosis – what is the evidence? *Dialogues in Clinical Neuroscience*, *13*(3), 360–365. https://doi.org/10.31887/DCNS.2011.13.2/ischaefer

Schimmelmann, B. G., Huber, C. G., Lambert, M., Cotton, S., McGorry, P. D., & Conus, P. (2008). Impact of duration of untreated psychosis on pre-treatment, baseline, and outcome characteristics in an epidemiological first-episode psychosis cohort. *Journal of Psychiatric Research*, *42*(12), 982–990. https://doi.org/10.1016/j.jpsychires.2007.12.001

Schlier, B., Jaya, E. S., Moritz, S., & Lincoln, T. M. (2015). The Community Assessment of Psychic Experiences measures nine clusters of psychosis-like experiences: A validation of the German version of the CAPE. *Schizophrenia Research*, *169*(1–3), 274–279. https://doi.org/10.1016/j.schres.2015.10.034

Schlier, B., & Lincoln, T. M. (2016). Blinde Flecken? Der Einfluss von Stigma auf die psychotherapeutische Versorgung von Menschen mit Schizophrenie. *Verhaltenstherapie*, *26*(4), 279–290. https://doi.org/10.1159/000450694

Schneider, K. (1959). *Klinische Psychopathologie*. Stuttgart: Thieme.

Schneider S, Pflug V, In-Albon T, & Margraf J. Kinder-DIPS Open Access: diagnostisches Interview bei psychischen Störungen im Kindes- und Jugendalter. Bochum: Forschungs- und Behandlungszentrum für psychische Gesundheit. Ruhr-Universität Bochum; 2017. doi: 10.13154/rub.101.90.

Schöttle, D., Ruppelt, F., Schimmelmann, B. G., Karow, A., Bussopulos, A., Gallinat, J., Wiedemann, K., Luedecke, D., Rohenkohl, A. C., Huber, C. G., Bock, T., & Lambert, M. (2019). Reduction of iInvoluntary admissions in patients with severe psychotic disorders treated in the ACCESS integrated care model including therapeutic assertive community treatment. *Front Psychiatry*, 10, 736. https://doi.org/10.3389/fpsyt.2019.00736

Schrank, B., Sibitz, I., Unger, A., & Amering, M. (2010). How patients with schizophrenia use the internet: qualitative study. *Journal of Medical Internet Research*, 12(5), e70. https://doi.org/10.2196/jmir.1550

Schultze-Lutter, F., Picker, H., Ruhrmann, S., & Klosterkötter, J. (2008). [The Cologne Early Recognition and Intervention Center for mental crises (FETZ). Evaluation of service use]. *Medizinische Klinik (Munich, Germany: 1983)*, 103(2), 81–89. https://doi.org/10.1007/s00063-008-1012-4

Schultze-Lutter, F., Schimmelmann, B. G., & Ruhrmann, S. (2011). The near Babylonian speech confusion in early detection of psychosis. *Schizophrenia Bulletin*, 37(4), 653–655. https://doi.org/10.1093/schbul/sbr039

Schultze-Lutter, F., Resch, F., Koch, E., & Schimmelmann, B. G. (2011). Früherkennung von Psychosen bei Kindern und Adoleszenten. *Zeitschrift für Kinder-und Jugendpsychiatrie und Psychotherapie*. https://doi.org/10.1024/1422-4917/a000124

Schultze-Lutter, F., Michel, C., Schmidt, S. J., Schimmelmann, B. G., Maric, N. P., Salokangas, R. K. R., et al. (2015a). EPA guidance on the early detection of clinical high risk states of psychoses. *European Psychiatry*, 30(3), 405–416. https://doi.org/10.1016/j.eurpsy.2015.01.010

Schultze-Lutter, F., Rahman, J., Ruhrmann, S., Michel, C., Schimmelmann, B. G., Maier, W., & Klosterkötter, J. (2015b). Duration of unspecific prodromal and clinical high risk states, and early help-seeking in first-admission psychosis patients. *Social psychiatry and psychiatric epidemiology*, 50, 1831–1841. https://doi.org/10.1007/s00127-015-1093-3

Schulze, C., Zimmermann, R., Gschwandtner, U., Pflueger, M. O., Rapp, C., Studerus, E., & Riecher-Rössler, A. (2013). Can cognitive deficits facilitate differential diagnosis between at-risk mental state for psychosis and depressive disorders? *Early Interv Psychiatry*, 7(4), 381–390. https://doi.org/10.1111/eip.12004

Seeman, M. V. (2021). History of the dopamine hypothesis of antipsychotic action. *World journal of psychiatry*, 11(7), 355. https://doi.org/10.5498%2Fwjp.v11.i7.355

Selten, J.-P., Lundberg, M., Rai, D., & Magnusson, C. (2015). Risks for nonaffective psychotic disorder and bipolar disorder in young people with autism spectrum disorder: A population-based study. *JAMA Psychiatry*, 72(5), 483–489. https://doi.org/10.1001/jamapsychiatry.2014.3059

Shakoor, S., McGuire, P., Cardno, A. G., Freeman, D., Plomin, R., & Ronald, A. (2015). A shared genetic propensity underlies experiences of bullying victimization in late childhood and self-rated paranoid thinking in adolescence. *Schizophrenia Bulletin*, 41(3), 754–763. https://doi.org/10.1093/schbul/sbu142

Sieradzka, D., Power, R. A., Freeman, D., Cardno, A. G., McGuire, P., Plomin, R., Meaburn, E. L., Dudbridge, F., & Ronald, A. (2014). Are genetic risk factors for psychosis also associated with dimension-specific psychotic experiences in adolescence? *PloS One*, 9(4). https://doi.org/ARTN e94398

Sin, J., Henderson, C., Woodham, L. A., Sese Hernandez, A., & Gillard, S. (2019). A multi-component ehealth intervention for family carers for people affected by psychosis: A co-produced design and build study. *Journal of Medical Internet Research*, 21(8), e14374. https://doi.org/10.2196/14374

Smigielski, L., Jagannath, V., Rössler, W., Walitza, S., & Grünblatt, E. (2020). Epigenetic mechanisms in schizophrenia and other psychotic disorders: a systematic review of empirical human findings. *Molecular Psychiatry*, 25(8), 1718–1748. https://doi.org/10.1038/s41380-019-0601-3

Smith, B., Fowler, D. G., Freeman, D., Bebbington, P., Bashforth, H., Garety, P., Dunn, G., & Kuipers, E. (2006). Emotion and psychosis: links between depression, self-esteem, negative schematic beliefs and delusions and hallucinations. *Schizophrenia Research*, 86(1-3), 181–188. https://doi.org/10.1016/j.schres.2006.06.018

Smith, J. D., Mittal, D., Chekuri, L., Han, X., & Sullivan, G. (2017). A comparison of provider attitudes toward serious mental illness across different health care disciplines. *Stigma and Health*, *2*(4), 327–337. https://doi.org/doi.org/10.1037/sah0000064

Solmi, M., Radua, J., Olivola, M. *et al.* Age at onset of mental disorders worldwide: large-scale meta-analysis of 192 epidemiological studies. *Mol Psychiatry 27*, 281–295 (2022). https://doi.org/10.1038/s41380-021-01161-7

Spaniel, F., Bakstein, E., Anyz, J., Hlinka, J., Sieger, T., Hrdlicka, J., Görnerová, N., & Höschl, C. (2018). Relapse in schizophrenia: Definitively not a bolt from the blue. *Neuroscience Letters*, *669*, 68–74. https://doi.org/10.1016/j.neulet.2016.04.044

Stafford, M. R., Mayo-Wilson, E., Loucas, C. E., James, A., Hollis, C., Birchwood, M., & Kendall, T. (2015). Efficacy and safety of pharmacological and psychological interventions for the treatment of psychosis and schizophrenia in children, adolescents and young adults: a systematic review and meta-analysis. *PloS One*, *10*(2), e0117166. https://doi.org/10.1371/journal.pone.0117166

Stahl, S. M. (2018). Beyond the dopamine hypothesis of schizophrenia to three neural networks

of psychosis: dopamine, serotonin, and glutamate. *CNS spectrums*, *23*(3), 187–191. https://doi.org/10.1017/S1092852918001013

Starling, J., & Dossetor, D. (2009). Pervasive developmental disorders and psychosis. *Current psychiatry reports*, *11*(3), 190–196. https://doi.org/10.1007/s11920-009-0030-0

Steeds, H., Carhart-Harris, R. L., & Stone, J. M. (2015). Drug models of schizophrenia. *Ther Adv Psychopharmacol*, *5*(1), 43–58. https://doi.org/10.1177/2045125314557797

Stefanis, N. C., Hanssen, M., Smirnis, N. K., Avramopoulos, D. A., Evdokimidis, I. K., Stefanis, C. N., Verdoux, H., & van Os, J. (2002). Evidence that three dimensions of psychosis have a distribution in the general population. *Psychological Medicine*, *32*(2), 347–358. https://doi.org/10.1017/S0033291701005141

Stentebjerg-Olesen, M., Pagsberg, A. K., Fink-Jensen, A., Correll, C. U., & Jeppesen, P. (2016). Clinical characteristics and predictors of outcome of schizophrenia-spectrum psychosis in children and adolescents: a systematic review. *Journal of Child and Adolescent Psychopharmacology*, *26*(5), 410–427. https://doi.org/10.1089/cap.2015.0097

Strakowski, S. M., Keck, P. E., McElroy, S. L., Lonczak, H. S., & West, S. A. (1995). Chronology of comorbid and principal syndromes in first-episode psychosis. *36*(2), 106–112.

Stubbs, B., Williams, J., Shannon, J., Gaughran, F., & Craig, T. (2016). Peer support interventions seeking to improve physical health and lifestyle behaviours among people with serious mental illness: A systematic review. *International Journal of Mental Health Nursing*, *25*(6), 484–495. https://doi.org/10.1111/inm.12256

Subotnik, K. L., Nuechterlein, K. H., Ventura, J., Gitlin, M. J., Marder, S., Mintz, J., Hellemann, G. S., Thornton, L. A., & Singh, I. R. (2011). Risperidone nonadherence and return of positive symptoms in the early course of schizophrenia. *American Journal of Psychiatry*, *168*(3), 286–292. https://doi.org/10.1176/appi.ajp.2010.09010087

Sullivan, S. A., Kounali, D., Cannon, M., David, A. S., Fletcher, P. C., Holmans, P., Jones, H., Linden, D., Lewis, G., Owen, M., O'Donovan, M., Rammos, A., Thompson, A., Wolke, D., Heron, J., & Zammit, S. (2020). A population-based cohort study examining the incidence and impact of psychotic experiences from childhood to adulthood, and prediction of psychotic disorder. *American Journal of Psychiatry*, *177*(4), 308–317. https://doi.org/10.1176/appi.ajp.2019.19060654

Tai, S., & Turkington, D. (2009). The evolution of cognitive behavior therapy for schizophrenia: current practice and recent developments. *Schizophrenia Bulletin*, *35*(5), 865–873. https://doi.org/10.1093/schbul/sbp080

Tarrier, N., Beckett, R., Harwood, S., Baker, A., Yusupoff, L., & Ugarteburu, I. (1993). A trial of two cognitive-behavioural methods of treating drug-resistant residual psychotic symptoms in schizophrenic patients: I. Outcome. *British Journal of Psychiatry*, *162*, 524–532. https://doi.org/10.1192/bjp.162.4.524

Trauelsen, A. M., Bendall, S., Jansen, J. E., Nielsen, H. G. L., Pedersen, M. B., Trier, C. H., ...

& Simonsen, E. (2015). Childhood adversity specificity and dose-response effect in non-affective first-episode psychosis. *Schizophrenia research*, *165*(1), 52–59. https://doi.org/10.1016/j.schres.2015.03.014

Tsang, A., Bucci, S., Branitsky, A., Kaptan, S., Rafiq, S., Wong, S., Berry, K., & Varese, F. (2021). The relationship between appraisals of voices (auditory verbal hallucinations) and distress in voice-hearers with schizophrenia-spectrum diagnoses: A meta-analytic review. *Schizophrenia Research*, *230*, 38–47. https://doi.org/10.1016/j.schres.2021.02.013

Tsuji, T., Kline, E., Sorensen, H. J., Mortensen, E. L., Michelsen, N. M., Ekstrom, M., Mednick, S., & Schiffman, J. (2013). Premorbid teacher-rated social functioning predicts adult schizophrenia-spectrum disorder: a high-risk prospective investigation. *Schizophrenia Research*, *151*(1–3), 270–273. https://doi.org/10.1016/j.schres.2013.10.022

Turner, D. T., van der Gaag, M., Karyotaki, E., & Cuijpers, P. (2014). Psychological interventions for psychosis: A meta-analysis of comparative outcome studies. *American Journal of Psychiatry*, *171*(5), 523–538. https://doi.org/10.1176/appi.ajp.2013.13081159

Turner, D. T., Reijnders, M., van der Gaag, M., Karyotaki, E., Valmaggia, L. R., Moritz, S., Lecomte, T., Turkington, D., Penadés, R., Elkis, H., Cather, C., Shawyer, F., O'Connor, K., Li, Z. J., de Paiva Barretto, E. M., & Cuijpers, P. (2020). Efficacy and moderators of cognitive behavioural therapy for psychosis versus other psychological interventions: An individual-participant data meta-analysis. *Front Psychiatry*, *11*, 402. https://doi.org/10.3389/fpsyt.2020.00402

Underwood, R., Peters, E., & Kumari, V. (2015). Psychobiology of threat appraisal in the context of psychotic experiences: a selective review. *European Psychiatry*, *30*(7), 817–829. https://doi.org/10.1016/j.eurpsy.2015.07.001

Unger, A., Erfurth, A., & Sachs, G. (2018). Negativsymptome in der Schizophrenie und ihre Differenzialdiagnose. *psychopraxis. neuropraxis*, *21*(2), 73–78. https://doi.org/10.1007/s00739-018-0455-5

Upthegrove, R., Marwaha, S. & Birchwood, M. (2016). Depression and schizophrenia: cause, consequence or trans-diagnostic issue? *Schizophrenia Bulletin*, *sbw097*. https://doi.org/10.1093/schbul/sbw097

Van Dam, D. S., Van Nierop, M., Viechtbauer, W., Velthorst, E., Van Winkel, R., Risk, G., ... & Outcome of Psychosis (GROUP) investigators. (2015). Childhood abuse and neglect in relation to the presence and persistence of psychotic and depressive symptomatology. *Psychological medicine*, *45*(7), 1363–1377.1363–77. https://doi.org/10.1017/S0033291714001561

van den Berg, D., Tolmeijer, E., Jongeneel, A., Staring, A. B. P., Palstra, E., van der Gaag, M., & Hardy, A. (2023). Voice phenomenology as a mirror of the past. *Psychological Medicine*, *53*(7), 2954–2962. https://doi.org/10.1017/S0033291721004955

van der Gaag, M., Nieman, D. H., Rietdijk, J., Dragt, S., Ising, H. K., Klaassen, R. M., Koeter, M., Cuijpers, P., Wunderink, L., & Linszen, D. H. (2012). Cognitive behavioral therapy for subjects at ultrahigh risk for developing psychosis: a randomized controlled clinical trial. *Schizophrenia Bulletin*, *38*(6), 1180–1188. https://doi.org/10.1093/schbul/sbs105

van der Gaag, M., Nieman, D., & van der Berg, D. (2013). *CBT for those at risk of a first episode of psychosis*. New York: Routledge. https://doi.org/10.4324/9780203503478

van der Gaag, M., Smit, F., Bechdolf, A., French, P., Linszen, D. H., Yung, A. R., McGorry, P., & Cuijpers, P. (2013). Preventing a first episode of psychosis: meta-analysis of randomized controlled prevention trials of 12 month and longer-term follow-ups. *Schizophrenia Research*, *149*(1–3), 56–62. https://doi.org/10.1016/j.schres.2013.07.004

Van Os, J., Linscott, R. J., Myin-Germeys, I., Delespaul, P., & Krabbendam, L. J. P. M. (2009). A systematic review and meta-analysis of the psychosis continuum: evidence for a psychosis proneness–persistence–impairment model of psychotic disorder. *Psychological medicine*, *39*(2), 179–195. https://doi.org/10.1017/S0033291708003814

Van Os, J., & Reininghaus, U. (2016). Psychosis as a transdiagnostic and extended phenotype in the general population. *World Psychiatry*, *15*(2), 118–124. https://doi.org/10.1002/wps.20310

van Rossum, J. M. (1966). The significance of dopamine-receptor blockade for the mechanism of action of neuroleptic drugs. *Archives Internationales de Pharmacodynamie et de Thérapie, 160*(2), 492–494.

Varcin, K. J., Herniman, S. E., Lin, A., Chen, Y., Perry, Y., Pugh, C., Chisholm, K., Whitehouse, A. J. O., & Wood, S. J. (2022). Occurrence of psychosis and bipolar disorder in adults with autism: A systematic review and meta-analysis. *Neuroscience and Biobehavioral Reviews, 134*, 104543. https://doi.org/10.1016/j.neubiorev.2022.104543

Varese, F., Smeets, F., Drukker, M., Lieverse, R., Lataster, T., Viechtbauer, W., Read, J., Van Os, J., & Bentall, R. P. (2012). Childhood adversities increase the risk of psychosis: A meta-analysis of patient-control, prospective- and cross-sectional cohort studies. *Schizophrenia Bulletin, 38*(4), 661–671. https://doi.org/10.1093/schbul/sbs050

Varese, F., Morrison, A. P., Beck, R., Heffernan, S., Law, H., & Bentall, R. P. (2016). Experiential avoidance and appraisals of voices as predictors of voice-related distress. *British Journal of Clinical Psychology, 55*(3), 320–331. https://doi.org/10.1111/bjc.12102

Varghese, D., Scott, J., Welham, J., Bor, W., Najman, J., O'Callaghan, M., Williams, G., & McGrath, J. (2011). Psychotic-like experiences in major depression and anxiety disorders: a population-based survey in young adults. *Schizophrenia Bulletin, 37*(2), 389–393. https://doi.org/10.1093/schbul/sbp083

Vila-Badia, R., Butjosa, A., Del Cacho, N., Serra-Arumí, C., Esteban-Sanjusto, M., Ochoa, S., & Usall, J. (2021). Types, prevalence and gender differences of childhood trauma in first-episode psychosis. What is the evidence that childhood trauma is related to symptoms and functional outcomes in first episode psychosis? A systematic review. *Schizophrenia Research, 228*, 159–179. https://doi.org/https://doi.org/10.1016/j.schres.2020.11.047

von Hardenberg, L., Leopold, K., Stenzel, N., Kallenbach, M., Aliakbari, N., Bechdolf, A., & Mehl, S. (2022). Feasibility and efficacy of an acceptance and mindfulness-based group intervention for young people with early psychosis (Feel-Good group). *Front Psychiatry, 13*, 943488. https://doi.org/10.3389/fpsyt.2022.943488

Walker, E. F., & Diforio, D. (1997). Schizophrenia: a neural diathesis-stress model. *Psychological Review, 104*(4), 667–685. https://doi.org/10.1037/0033-295x.104.4.667

Wason, P. C. (1960). On the failure to eliminate hypotheses in a conceptual task. *Quarterly Journal of Experimental Psychology, 12*(3), 129–140. https://doi.org/10.1080/17470216008416717

Waters, F., Allen, P., Aleman, A., Fernyhough, C., Woodward, T. S., Badcock, J. C., Barkus, E., Johns, L., Varese, F., Menon, M., Vercammen, A., & Laroi, F. (2012). Auditory hallucinations in schizophrenia and nonschizophrenia populations: a review and integrated model of cognitive mechanisms. *Schizophrenia Bulletin, 38*(4), 683–693. https://doi.org/10.1093/schbul/sbs045

Waters, F., Chiu, V., Atkinson, A., & Blom, J. D. (2018). Severe sleep deprivation causes hallucinations and a gradual progression toward psychosis with increasing time awake. *Front Psychiatry, 9*, 303. https://doi.org/10.3389/fpsyt.2018.00303

White, R., Laithwhite, H., & Gilbert, P. (2012). The role of social defeat in the emergence and persistence of negative symptoms in psychosis. In A. Gumley, A. Gillham, K. Taylor, & M. Schwannauer (Eds.), *Psychosis and emotion: The role of emotions in understanding psychosis, therapy and recovery*. New York: Routledge.

Wigman, J. T., van Winkel, R., Raaijmakers, Q. A., Ormel, J., Verhulst, F. C., Reijneveld, S. A., van Os, J., & Vollebergh, W. A. (2011). Evidence for a persistent, environment-dependent and deteriorating subtype of subclinical psychotic experiences: a 6-year longitudinal general population study. *Psychological Medicine, 41*(11), 2317–2329. https://doi.org/10.1017/S0033291711000304

World Health Organization. (2022). ICD-11: International classification of diseases (11th revision). Zugriff unter https://icd.who.int/ [30.09.2024]

Wykes, T., Steel, C., Everitt, B., & Tarrier, N. (2008). Cognitive behavior therapy for schizophrenia: effect sizes, clinical models, and methodological rigor. *Schizophrenia Bulletin, 34*(3), 523–537. https://doi.org/10.1093/schbul/sbm114

Wykes, T., Huddy, V., Cellard, C., McGurk, S. R., & Czobor, P. (2011). A meta-analysis of cognitive remediation for schizophrenia: methodology and effect sizes. *American Journal of Psychiatry, 168*(5), 472–485. https://doi.org/10.1176/appi.ajp.2010.10060855

Yanos, P. T. (2018). *Written off: Mental health stigma and the loss of human potential.* Cambridge University Press.

Yung, A. R., & McGorry, P. D. (1996). The initial prodrome in psychosis: descriptive and qualitative aspects. *Australian and New Zealand Journal of Psychiatry, 30*(5), 587–599. https://doi.org/10.3109/00048679609062654

Yung, A. R., McGorry, P. D., McFarlane, C. A., Jackson, H. J., Patton, G. C., & Rakkar, A. (1996). Monitoring and care of young people at incipient risk of psychosis. *Schizophrenia bulletin, 22*(2), 283–303. https://doi.org/10.1093/schbul/22.2.283

Yung, A. R., Phillips, L. J., Yuen, H. P., & McGorry, P. D. (2005a). Comprehensive Assessment of At-Risk Mental States (CAARMS). In: *Early intervention in psychosis: A guide to concepts, evidence and interventions.* New York: Wiley.

Yung, A. R., Pan Yuen, H., Mcgorry, P. D., Phillips, L. J., Kelly, D., ... & Buckby, J. (2005b). Mapping the onset of psychosis: the comprehensive assessment of at-risk mental states. *Australian & New Zealand Journal of Psychiatry, 39*(11–12), 964–971. https://doi.org/10.1080/j.1440-1614.2005.01714.x

Yung, A. R., Nelson, B., Baker, K., Buckby, J. A., Baksheev, G., & Cosgrave, E. M. (2009). Psychotic-like experiences in a community sample of adolescents: implications for the continuum model of psychosis and prediction of schizophrenia. *Australian and New Zealand Journal of Psychiatry, 43*(2), 118–128. https://doi.org/10.1080/00048670802607188

Zammit, S., Kounali, D., Cannon, M., David, A. S., Gunnell, D., Heron, J., ... & Lewis, G. (2013). Psychotic experiences and psychotic disorders at age 18 in relation to psychotic experiences at age 12 in a longitudinal population-based cohort study. *American Journal of Psychiatry, 170*(7), 742–750. https://doi.org/10.1176/appi.ajp.2013.12060768

Zavos, H. M., Freeman, D., Haworth, C. M., McGuire, P., Plomin, R., Cardno, A. G., & Ronald, A. (2014). Consistent etiology of severe, frequent psychotic experiences and milder, less frequent manifestations: a twin study of specific psychotic experiences in adolescence. *JAMA psychiatry, 71*(9), 1049–1057. https://doi.org/10.1001/jamapsychiatry.2014.994

Zhang, J. P., Gallego, J. A., Robinson, D. G., Malhotra, A. K., Kane, J. M., & Correll, C. U. (2013). Efficacy and safety of individual second-generation vs. first-generation antipsychotics in first-episode psychosis: a systematic review and meta-analysis. *International Journal of Neuropsychopharmacology, 16*(6), 1205–1218. https://doi.org/10.1017/S1461145712001277

Stichwortverzeichnis

A

ABC-Modell 68, 70, 71
Abgeschwächtes Psychosesyndrom 23
Actissist 98
Affektive
- Prozesse 57, 73
- Psychosen 40
Alternative Erklärungen 73
Antipsychotikum 77, 91
- atypisch (zweite Generation) 77, 91
- typisch (erste Generation) 77, 91
Antrag auf Psychotherapie 64
Assertive Community Treatment (ACT) 83
At-Risk Mental State (ARMS) 28
Auditorische verbale Halluzinationen (AVH) 60
Aufmerksamkeitsdefizit-/Hyperaktivitätsstörung (ADHS) 35
Autismusspektrumsstörung (ASS) 35
AVATAR
- - Therapie 96, 97
- _VRSocial 96

B

Beliefs About the Voices Questionnaire revised (BAVQ-R) 65
Bestätigungsfehler (belief confirmation bias) 58
Biopsychosoziale Anfälligkeit 54
Biopsychosoziales Modell 20
Borderline-Persönlichkeitsstörung (BPS) 38
Brief Negative Symptom Scale (BNSS) 65

C

Clinical High Risk (CHR) 28, 84
Clinical Staging Model (CSM) 23
Cognitive Remediation (CR) 87
Community Mental Health Teams (CMHT) 83
Comprehensive Assessment of At-Risk Mental State (CAARMS) 29
Crisis Resolution and Home Treatment (CRHT) 83

D

Dementia Praecox 12
Denk
- - fehler 75
- - störung 18
Depersonalisation 57
Depressive
- Prozesse 58
- Störung 34
Desorganisiertes Verhalten 18
Diagnostic and Statistical Manual of Mental Disorders (DSM-5) 22
Diagnostische Interviews 46
Diagnostisches Interview bei psychischen Störungen des Kindes- und Jugendalters (Kinder-DIPS) 46
Dopamin
- - D2-Rezeptoren 50
- - Dysfunktion 50
Dopaminhypothese 13, 20, 50
Duration of Untreated Psychosis (DUP) 30, 31, 92

E

E/I-Ungleichgewicht 51
Early Warning Signs (EWS) 90
Ecological Momentary Assessment (EMA) 98
Educational and Employment Support (SEE) 89
Einbezug von Patient*innen und Öffentlichkeit (PPI) 99
EMICompass 98
EMPOWER 98
Entwicklungsneurologisches Modell 13
Entwicklungssoziologische Perspektive 15

Erste Psychotische Episode (FEP)   30, 84, 91, 93
Erstgespräch   43
Erstrangsymptome   12
Experience Sampling Method (ESM)   98
Expressed Emotion   21, 53

F

Familieninterventionen (FI)   87
Feel-Good-Programme   96
Feeling Safe Programme   95
Fragebögen   46
Frühe Psychose (early psychosis)   84, 93
Früherkennungs- & Therapiezentrum für psychische Krisen (FETZ)   89
Frühinterventionsdienst (EIS)   54, 83

G

Gedächtnisspezifitätstraining   75
Gestörter Halt (disturbed hold),   16
Glutamat-Hypothese   50

H

Halluzination   18
Hierarchical Structure of Paranoia   34
HORYZONS   98
Hyperreflexivität (hyperreflexivity)   16
Hypothalamus-Hypophysen-Nebennierenrinden-Achse (HPA)   53

I

Ideas of Reference   34
Individual Placement and Support (IPS)   89
Internationale statistische Klassifikation der Krankheiten und verwandter Gesundheitsprobleme (ICD)
- - 10   22
- - 11   22

J

Jumping to Conclusions (JTC)   55

K

Kiddie Schedule for Affective Disorders and Schizophrenia Present and Lifetime Version (Kiddie-SADS-PL)   46

Kognitive Ansätze   53
Kognitive Verhaltenstherapie für Psychosen (KVT-P)   61, 67, 86
Kognitive Verzerrungen   55, 58
Kognitiver Ansatz   14
Kognitives Modell der auditiven Halluzinationen   59
Kognitives Modell der Paranoia   56
Kontinuumsmodell der Psychose   19
Kritischer Zeitraum   83

M

Managing Adolescent First Episode in Psychosis Study (MAPS)   96
Medikation   66
Metakognitives Training (MCT),   87
Mitgefühls- und Akzeptanztherapie   75
Modell der Entwicklung von Persekutionswahn   59
Modell für Verfolgungswahn   59
Moderate Online Social Therapy (MOST)   98
MOMENTUM   98

N

N-Methyl-D-Aspartat (NMDA)   51
National Institute for Health and Care Excellence (NICE)   84
Negativsymptomatik   19, 34, 35, 75
Neurobiologischer Ansatz   13
Neurochemisches Modell   49
Neuroentwicklungshypothese   13
Normalisierung   71, 84

P

Peer-Beratung   88
Persönliche
- Schutzfaktoren   53
- Vulnerabilitätsfaktoren   53
Positivsymptome   53
Posttraumatische Belastungsstörung (PTBS)   36
Preserved Personality   41
Prodromalphase   28
Psychoedukation   71
Psychose   12, 93
Psychoseähnliche Erfahrungen (psychotic-like experiences)   12, 57
Psychoseähnliche Symptome   17, 31, 39
Psychosis
- Impairment   20

– Persistence 20
– Proneness 20
Psychotic Symptom Rating Scales (PSY-RATS) 65

R

Realitätsprüfung 74
Recovery-Modell 95
Rückfall
– -management 75
– -präventionsplan 76

S

S3-Leitlinie 84
Schema 55, 60
Schizoaffektive Störung 23
Schizophrenie 22
Schizophrenie-Spektrum-Störungen 12
Schizotaxie 52
Sekundäre Psychose 41
Selbst-Störung 15
Selbstmedikationshypothese 38
Sicherheitsverhalten 74
SMART-Ziele 69
Sokratischer Dialog 72
SORKC-Schema 44
Soziale Angststörung 34
Sozio-ökologische Sichtweise 14
Stigmatisierung 76, 94
Störung der Motorik 19
Structured Interview of Psychosis-risk syndromes (SIPS) 29
Strukturiertes Klinische Interview für DSM-5-Störungen Klinische Version (SCID-CV) 46
Strukturiertes Klinisches Interview für DSM (SKID) 65
Suizidalität 38
Supported Employment and Education (SEE) 89
Symptombeurteilung 68

T

Telemedizin 83
Theory of Mind 36
Transitionspsychiatrie 82

U

Überzeugungen über Stimmen 61
Ultra-High Risk (UHR) 28
Umweltbedingte
– Auslöser 53
– Schutzfaktoren 53

V

Verfolgungswahn 56
Verhaltensanalyse 44
Verminderte Selbstpräsenz (diminished self-presence) 16
Versorgungssituation 43
Virtuelle Realität (VR) 97
Vorstellung von sozialem Rang 60
Vulnerabilitäts-Stress-Modell 52

W

Wahn 18
Wahrnehmungsanomalien 57
Wechsler
– Gedächtnistest (WMS-R) 48
– Intelligenztest für Erwachsene (WIE) 48

Y

Young People Advisory Panel (Y-PAL) 99